PICCOLA BIBLIOTECA ADELPHI

5

CARTEGGIO FREUD-GRODDECK

ADELPHI EDIZIONI

TITOLO ORIGINALE:

Briefwechsel Georg Groddeck-Sigmund Freud
(dalla raccolta di scritti *Der Mensch und sein Es*
di Georg Groddeck, a cura di Margaretha Honegger)

Traduzione di Laura Schwarz

WWW.ADELPHI.IT

ISBN 978-88-459-0159-1

Anno				Edizione						
2026	2025	2024	2023	6	7	8	9	10	11	12

INDICE

CARTEGGIO FREUD-GRODDECK

CARTEGGIO
FREUD-GRODDECK

Baden-Baden, 27 maggio 1917

Egregio Professore,

innanzitutto mi permetta di esprimerLe la mia viva gratitudine per tutto ciò che lo studio dei Suoi scritti mi ha dato. Il bisogno di esprimerLe questa mia gratitudine diviene poi un dovere, poiché un mio libro pubblicato nel 1912[1] conteneva un giudizio avventato sulla psicoanalisi, anche se dal modo in cui è scritto risulta chiaro che a quel tempo io conoscevo la psicoanalisi solo per sentito dire. Dunque sarebbe perfino superfluo assicurarLe esplicitamente che l'imperdonabile errore era dovuto a ignoranza, cosa che del resto non ne diminuisce la gravità, se non fosse per una circostanza che ha reso interessante la storia, per così dire, della mia conversione.
Nel 1909, quindi tre anni prima della pubblicazione di quel libro, venne in cura da me una signora, e lo studio del suo caso mi costrinse a imboccare la stessa via che in seguito venni a sapere essere quella della psicoanalisi. Posso decisamente assicurare che quella paziente non conosceva minimamente la parola psicoanalisi, e credo proprio che lo stesso si possa dire anche di me. Da lei imparai a conoscere per la prima volta le peculiarità della sessualità infantile e del simbolismo, e ben presto, già dopo poche settimane, mi trovai di fronte ai concetti di transfert e di resistenza - anche se i termini transfert e resistenza li ho conosciuti solo ora - che in un certo senso divennero automaticamente le chiavi di volta del trattamento. L'entusiasmo che

mi procurò allora quella scoperta durò diversi anni. La verifica condotta sul mio altro materiale clinico e sugli eventi della vita quotidiana è stata per me un periodo molto fecondo.

Quanto più mi liberavo dalla iniziale ritrosia ad esporre ad altri i miei punti di vista, tanto più spesso mi accadeva di sentirmi citare il nome di *Freud* quale pioniere di tali idee. E poiché per tutta la vita, nonostante ogni esperienza contraria, ho conservato sempre la beata illusione di essere una persona creativa, mi rifiutavo di riconoscere che, in qualche modo misterioso, anche questa volta avevo solamente accolto ed elaborato idee altrui. L'attacco che feci nel 1912 partì appunto da una posizione d'invidia, direi quasi, profetica. Nel 1913 vidi in una vetrina la Sua *Psicopatologia della vita quotidiana* e la comprai assieme all'*Interpretazione dei sogni*. Questi libri ebbero su di me un effetto così sconvolgente che, pur consapevole di privarmi di uno straordinario arricchimento delle mie conoscenze e della mia vita, non lessi fino in fondo né l'uno né l'altro.

Negli anni successivi, a causa della durata dei trattamenti psicologici, il mio lavoro aumentò al punto che dovetti cercare una via di uscita. Mi venne l'idea di tenere nella mia clinica delle conferenze per i pazienti, in modo da risparmiarmi per lo meno di esporre a ognuno di loro i fondamenti generali di quelle idee che allora consideravo ancora cose mie. Effettivamente raggiunsi lo scopo, e l'impressione fu, del resto, così forte che mi venne l'idea di rielaborare le cose dette alla buona nelle conferenze e di pubblicarle. Presi questa decisione nell'ottobre 1916. Ma, avendo l'oscura sensazione che ci fosse qualcosa che non andasse nella mia apparente scoperta, ripresi in mano i Suoi libri e passai poi allo studio della letteratura psicoanalitica, almeno quella che la guerra non è riuscita a soffocare. Una delle conseguenze della mia tardiva onestà

è questa lettera, che rappresenta in primo luogo un tentativo di giustificarmi di fronte a me stesso.
Il desiderio di rendere in qualche modo noti al pubblico i risultati dei miei molti anni di lavoro sussiste certamente, ma c'è un'altra difficoltà che per me non si è ancora risolta. Dopo la lettura dei Suoi contributi alla storia della psicoanalisi mi è sorto il dubbio se io possa o no annoverarmi fra gli psicoanalisti secondo la Sua definizione. Non vorrei qualificarmi come aderente a un movimento se devo correre il rischio che chi lo dirige mi sconfessi come un estraneo che vi si intrufola abusivamente; perciò Le chiedo di dedicare ancora alcuni minuti alla lettura della mia lettera.
Alle mie o, dovrei dire, alle Sue vedute io non sono giunto attraverso lo studio delle nevrosi, bensì attraverso l'osservazione di disturbi che si suol chiamare somatici. Io devo originariamente la mia notorietà di medico alla attività di fisioterapeuta, e in particolare di massaggiatore. Di conseguenza la mia clientela ha caratteri assai diversi da quella degli psicoanalisti. Già molto prima di conoscere nel 1909 la paziente di cui Le parlavo sopra, io mi ero convinto che la distinzione tra anima e corpo fosse solo verbale e non sostanziale, che corpo e anima costituissero un tutto unico, e che in questa totalità stesse nascosto un *Es*, una forza da cui veniamo vissuti, mentre crediamo di essere noi a vivere. Naturalmente, neppure questa idea posso farla passare come cosa mia, però essa è stata ed è il punto di partenza della mia attività. In altri termini, io ho rifiutato fin dall'inizio la distinzione fra disturbi fisici e disturbi psichici, tentando di curare il singolo individuo in sé, e l'Es in lui, cercando una via che porta nell'inesplorato, nell'inesplorabile. Sono consapevole che così facendo rasento per lo meno i limiti del misticismo, e forse li ho già varcati. Tuttavia, i fatti stessi mi costringono a proseguire per questa via.

Se ben comprendo, per ora la psicoanalisi lavora col concetto di nevrosi. Io suppongo tuttavia che anche per Lei, dietro questo termine, c'è tutta intera la vita dell'uomo. Comunque, così è per me. L'Es, che è in misterioso rapporto con la sessualità, con l'Eros, o comunque si voglia chiamare, plasma il naso e la mano dell'uomo così come ne plasma i pensieri e i sentimenti, e si esprime sotto forma di polmonite o di cancro non meno di quanto possa esprimersi in forma di nevrosi ossessiva o di isteria; e così come l'attività dell'Es che si presenta sotto forma di isteria o di nevrosi è oggetto del trattamento psicoanalitico, lo è anche quella che si manifesta sotto forma di vizio cardiaco o di cancro. Non c'è alcuna differenza essenziale in base a cui si debba tentare la psicoanalisi in un caso e non nell'altro. Anzi, è solo una questione pratica, di valutazione personale, decidere in quali casi si debba rinunciare a praticare il trattamento analitico. Devo usare il termine trattamento, poiché non credo che l'attività del medico vada oltre al trattamento: alla guarigione non provvede lui, bensì appunto l'Es.

Questo è dunque il punto in cui non mi è chiaro se ho il diritto di spacciarmi ufficialmente come psicoanalista oppure no. Per sviluppare queste idee, che sono in sostanza le Sue, non è possibile usare una nomenclatura diversa da quella stabilita da Lei. La nomenclatura non va cambiata, e soddisfa anche al mio scopo, purché si allarghi il concetto di inconscio. Tuttavia nella « Internationale Zeitschrift »[2] Lei circoscrive esplicitamente il significato dell'inconscio. Allargando questo significato, come è necessario se si vuol prendere in considerazione anche il trattamento psicoanalitico dei cosiddetti disturbi somatici, forse si oltrepasserebbero i limiti da Lei posti alla definizione della psicoanalisi. Se così fosse, dovrei inserire nel libro che ho progettato un'altra parte, per tentar di chiarire il mio rapporto con la psicoanalisi, e questo tentativo con ogni probabilità non verrebbe compreso. Non si tratterebbe qui soltanto di sviluppare ulteriormente le teorie di Adler, bensì del fatto che le malattie organiche hanno la stessa origine di quelle funzionali.

Ma temo di non essermi chiaramente spiegato sul mio 'Es', che plasma l'uomo, lo fa pensare, agire, ammalare. Forse le cose si chiariranno con alcuni brevi esempi.

Una paziente si sveglia al mattino col labbro superiore gonfio, la tumefazione è dovuta a vescicole erpetiche. Le chiedo di dirmi una data, e lei indica il giorno precedente, e, per quanto riguarda l'ora, l'ora della seduta con me. In quella seduta avevo detto scherzosamente alla paziente, che curavo da molti anni per una grave poliartrite, che le sue labbra erano troppo sottili, il che significava una voglia compressa di baci. Un'ora dopo questa constatazione il gonfiore del labbro era scomparso. Certamente, tale reazione immediata si può anche chiamare isterica, ma così facendo si è costretti a chiamare isteriche ogni sorta di cose e, fra l'altro, la sua poliartrite, che le ha provocato una lussazione bilaterale della rotula. La sua storia clinica, che sarebbe troppo lungo esporre in questa sede, dimostra che l'Es aveva creato in lei la poliartrite per impedirle di scappare. Negli ultimi anni ho seguìto attentamente i più svariati miglioramenti e peggioramenti dei suoi dolori articolari, ed ero in grado di provocare con certezza sperimentale un cambiamento nello stato delle sue articolazioni sia suscitando sia eliminando delle resistenze nei miei riguardi.

Così pure, in un'altra signora, di cui seguo lo stato di salute da molti anni, sono riuscito a provocare sperimentalmente, per via psichica, una riattivazione o una remissione della sua pregressa flebite. Ho anche raccolto molto materiale sull'aumento e la diminuzione di peso, e parimenti sulla crescita dei bambini. Pure interessanti sono i cambiamenti nelle dimensioni del naso, su cui si può influire per via psichica. Sono note le reazioni delle mucose all'effetto della rimozione psichica, sotto forma di raffreddore, catarro bronchiale, diarrea, ecc.; il trattamento psicoanalitico di questi disturbi dà risultati sorprendenti.

Vorrei aggiungere ancora alcuni esempi. Uno dei miei pazienti soffre di emorragie retiniche, che stranamente si verificano sempre in autunno. Risultò che questo paziente, assai intelligente ma del tutto privo di cultura (soltanto a diciotto anni aveva imparato da sé a leggere e scrivere) da piccolo vedeva ogni giorno un cieco di cui gli abitanti del villaggio raccontavano che aveva perso la vista a causa di una bestemmia. Il paziente aveva però del tutto dimenticato di aver tirato sassate, a nove anni, a un Cristo di legno che si trovava all'uscita del villaggio, fino a farlo cadere dalla croce. Quale profonda impressione doveva avergli lasciato questo avvenimento del tutto dimenticato lo si vide dal fatto che il paziente, raccontandomi l'incidente, svenne. C'erano inoltre i complessi di Edipo e di castrazione, che certo non occorre qui menzionare. Dopo aver fatto quel racconto, per cinque anni non si è verificata alcuna emorragia, a eccezione di una piccolissima il giorno prima che il paziente andasse militare, e capitata proprio a un crocicchio, di fronte a un Cristo crocifisso. Per di più risultò che il soggetto aveva di nuovo del tutto dimenticato quell'avvenimento infantile, anzi, anche quando gliene parlai, egli non riusciva a ravvivarne la memoria, che riemerse solo alcuni giorni dopo.

A questo proposito ricordo anche le osservazioni fatte su blefariti che risultavano collegate con complessi derivanti da masturbazione. Il trattamento analitico di un gozzo assai sviluppato mi è in buona parte riuscito: la metà sinistra è regredita completamente, quella destra di circa tre quarti.

Per finire, vorrei menzionare ancora un malato, il cui Es aveva provocato i sintomi della sifilide, con le caratteristiche eruzioni cutanee e ulcerazioni al pene, al braccio e al collo, e la Wassermann positiva. Tutti questi sintomi, compresa la Wassermann – il cui nome, del resto, aveva avuto un certo peso nella malattia – scomparvero nel corso del trattamento psichico. Il caso è doppiamente interessante perché, durante il trattamento, quando venivano menzionati determinati nomi o risvegliate determinate immagini, l'Es provocava a volte, per alcune ore o per intere giornate, temperature fino a 40°. Inoltre il paziente soffriva di una sclerodermia per cui l'avevo curato vent'anni prima. Il riacutizzarsi di questo processo in un'epoca in cui io avevo già cominciato a osservare l'attività dell'Es mi indusse a occuparmi della cosa da un punto di vista analitico. Ne risultò una stasi del processo e una completa guarigione delle parti del corpo che si erano ammalate di recente. Inoltre l'analisi illuminò in modo convincente tutta la storia dell'origine della sua sclerodermia, che era cominciata dalla gamba sinistra ed era connessa col tentativo di calpestare nel corpo di sua madre un fratellino in arrivo. Il suo amore per le proprie e le altrui gambe vi aveva una parte importante. In seguito, a causa di fantasie sadiche e di fantasie di gravidanza rimosse, vennero colpiti il braccio e la pelle del ventre.
Posso ben presumere che Lei, illustre Professore, veda in questi brevi cenni l'intenzione di sostenere, nella mia pubblicazione, l'idea che tutte le malattie dell'uomo, anzi tutta la sua vita, sono soggette all'azione di un inconscio e che in questa azione si può sempre ravvisare per lo meno la presenza della sessualità. Non è quindi per me difficile immaginare che Lei potrebbe sconfessare il propugnatore di un simile tentativo, qualora si facesse chiamare psicoanalista, come persona non adatta a far parte

della cerchia psicoanalitica quale Lei la intende. Ma io non mi posso esporre a questo rischio. Le sarò perciò assai grato se mi farà sapere che cosa ne pensa al riguardo. Io mi orienterò secondo la Sua risposta, e nel libro darò una chiara definizione di ciò che mi esclude dalla scuola ufficiale della psicoanalisi.
È una cosa che dovrei fare pubblicamente se Lei mi dicesse che io esco dai confini dell'attività psicoanalitica. Personalmente, però, nonostante sia giunto alla psicoanalisi per una via che non è quella dei Suoi scritti, mi dovrò sempre considerare un Suo discepolo, la cui profonda stima e gratitudine La prego di non voler del tutto disdegnare. Con la massima stima,

il Suo devotissimo

Dott. Georg Groddeck

Vienna, 5 giugno 1917

Egregio Collega,

da molto tempo non ho ricevuto una lettera che mi abbia così rallegrato, così interessato e così stimolato a rispondere con la franchezza analitica invece che con la comune gentilezza dovuta all'estraneo.
Dunque ci proverò. Noto che Lei mi prega con insistenza di darLe la mia conferma ufficiale che non è uno psicoanalista, che non fa parte del gruppo dei seguaci, ma che può, piuttosto, presentarsi come qualcosa di particolare e di autonomo. Evidentemente Le faccio un grosso favore se La respingo da me, là dove sono gli Adler, gli Jung e

altri. Ma non posso farlo, io devo avanzare le mie pretese su di Lei, devo affermare che Lei è uno splendido analista, il quale ha afferrato irrevocabilmente la sostanza della questione. Chi riconosce che il transfert e la resistenza sono la chiave di volta del trattamento appartiene ormai, senza rimedio, alla schiera dannata. Che poi egli possa chiamare 'Es' l''Ubw'[3], ciò non fa alcuna differenza. Mi permetta di farLe notare che non occorre *alcun* ampliamento del concetto di Ubw per coprire le Sue esperienze sui disturbi organici. Nel mio saggio sull'Ubw[4] che Lei menziona, troverà (pp. 258 sgg.) una piccola annotazione: «Rimandiamo a un altro contesto l'accenno a un'altra importante prerogativa dell'inconscio». Le confiderò ora quello che lì avevo taciuto: l'affermazione che l'atto inconscio ha un'intensa influenza plastica sui processi somatici, quale non viene mai raggiunta dall'atto cosciente. Il mio amico Ferenczi, che ne sa qualcosa, ha preparato per la « Internationale Zeitschrift » uno scritto sulle patonevrosi che si avvicina molto a quanto Lei mi comunica. Anzi, questo stesso punto di vista lo ha indotto a scrivere per me un saggio di biologia in cui si dovrebbe far vedere come le idee sull'evoluzione di Lamarck, se coerentemente sviluppate, diventano una conseguenza delle concezioni psicoanalitiche. Le Sue nuove osservazioni concordano così bene con le idee esposte in quel saggio che desideriamo solo che, al momento in cui uscirà, il Suo lavoro sia già pubblicato, per poterci richiamare ad esso.
Vorrei dunque accoglierLa a braccia aperte come collaboratore, ma mi disturba solo il fatto che Lei abbia, a quanto sembra, così poco superato la banale ambizione all'originalità, e aspiri alla priorità. Se è sicuro di essere giunto da solo alle Sue idee, a che Le servirebbe anche l'originalità? E d'altra parte, può essere sicuro su questo punto? Lei ha pur sempre dieci o forse quindici anni meno di me (1856).

Non potrebbe avere assorbito per via criptomnestica le idee basilari della psicoanalisi? E non potrei anch'io spiegare in modo simile la mia originalità? E che valore, comunque, può avere la pretesa di una priorità nei confronti di una generazione precedente?
Mi dolgo tanto di questo punto della Sua lettera perché l'esperienza mi ha mostrato che gli individui sfrenatamente ambiziosi a un certo punto cominciano a rinchiudersi in sé, a detrimento della scienza e della loro stessa evoluzione.
I campioni che Lei mi dà delle Sue osservazioni mi sono estremamente piaciuti, e spero che reggeranno in gran parte anche a una severa indagine critica. Questo campo nel suo insieme non ci è estraneo, ma esempi come quello del Suo cieco non sono ancora mai stati riferiti. E ora la seconda obiezione! Perché, dalla Sua bella piattaforma, Lei si butta nel misticismo, annulla la differenza tra psichico e fisico, si fissa su teorie filosofiche che sono fuori luogo? Le Sue esperienze non portano forse soltanto a riconoscere che il fattore psichico ha un'importanza, superiore a quanto si immaginasse, anche nell'origine delle malattie organiche? Ma è esso *solo* a provocare tali malattie, intaccando così, in qualche modo, la differenza fra psichico e fisico? Mi sembra non meno temerario dare un'anima a tutta la natura che ridurre tutto all'inanimato. Lasciamole dunque la sua grandiosa molteplicità, che si estende dal mondo inanimato al mondo organico animato, dalla vita fisica a quella psichica. Certamente l'Ubw è il giusto tramite fra il fisico e lo psichico, forse il tanto a lungo cercato *missing link*. Ma per il fatto che finalmente l'abbiamo visto dovremmo, per questo, non sapere più vedere null'altro?
Temo che Lei sia anche un filosofo, affascinato dall'unità, spinto dalla Sua tendenza monistica a minimizzare tutte le belle differenze nella natura. Ma

crede, con ciò, che ci possiamo liberare dalle differenze?
Naturalmente mi farà molto piacere ricevere una Sua risposta! Sono comunque assai curioso di vedere come prenderà questa mia lettera, che potrebbe apparire assai meno amichevole di quanto non sia l'intenzione che l'ha ispirata.

Con stima di collega

il Suo Freud

giugno (?) 1917

...Vorrei aggiungere ancora alcune parole sull'Ubw (dell'Es). Se ben comprendo, finora le ricerche in campo psicoanalitico sono giunte a far derivare dall'Ubw importanti settori della vita umana nell'ambito della religione, del linguaggio, dell'arte, della tecnica, della vita quotidiana, degli eventi fisiologici e patologici. Tuttavia sussiste sempre, almeno apparentemente, una contrapposizione fra Ubw e coscienza, come se ci si trovasse di fronte a due diverse forze. A quanto pare, anche negli ambienti psicoanalitici si sostiene che una gran quantità di fenomeni della vita derivano direttamente dalla coscienza e ci si comporta come se l'Ubw non vi avesse parte alcuna. Io invece sono del parere che la coscienza sia semplicemente una delle manifestazioni dell'Ubw; che tutto ciò che accade nella vita umana (la vita animale e vegetale, al pari della vita inorganica, non m'interessano per il fine che perseguo), che tutto, in ultima analisi, venga creato dall'Ubw. La coscienza è soltanto uno strumento dell'Ubw, che gli serve essenzialmente per farsi capire, un po' come il linguaggio e i gesti. Spesso mi sembra pure che per mezzo della coscienza l'Ubw miri soltanto a mantenere in noi il senso dell'onnipotenza, e che giuochi con noi, cioè con se stesso, un giuoco assai divertente, ma anche assai crudele. Non si riuscirà mai a scoprire i nessi, ma a volte l'osservatore riesce a scorgere qualcosa che assomiglia al volto dell'Ubw, o alla sua mano. Già sono stati osservati i nessi fra scelta della professione e Ubw. Ma anche il modo di camminare, il portamento, i movimenti e la forma della mano tradiscono abbastanza spesso il loro condizionamento ad opera di forze inconsce. Per quanto riguarda la digestione, gli esperimenti di Pavlov hanno fornito alcuni vaghi indizi; per quanto riguarda la respirazione, il battito cardiaco, il sangue e il ricambio sappiamo ciò da molto tempo, e gli esperimenti di Abderhalden indicano in quale direzione la chimica biologica debba in qualche modo procedere per affrontare l'inconscio. Mi stupisco che si continui a evitare il problema del condizionamento della coscienza, per poi definire scienza esatta questo scantonamento, mentre in realtà si tratta solo di esatta stupidità. Eppure non ci perdiamo nulla chiedendoci se il pensiero si pone veramente al di fuori del contesto di tutto ciò che accade, se pensiamo, agiamo e siamo formati secondo un potere assoluto che è in noi – un potere, per così dire, fuori del mondo – o se invece non apparteniamo anche noi all'ambito del naturale e non 'veniamo vissuti' dalla volontà di certe forze che possiamo vedere assai bene di riflesso. La psicoanalisi non si vergogna di risalire all'epoca prenatale, e fa bene. Ma perché si sofferma sempre ed esclusivamente sull'organo del cervello, perché non vuol vedere che, *ceteris paribus*, da uno spermatozoo e da un ovulo si svilupperanno sempre mani, occhi, cervello? E tuttavia in questo caso non si può certo parlare di coscienza e di intenzione cosciente. E se l'inconscio è capace di tanto, sarà certo anche capace di creare un callo o

di guidare un gesto della mano, o di alterare il chimismo dell'uomo in modo da renderlo terreno favorevole ai batteri. In questo istante un dirigibile passa sopra la mia casa; ha semplicemente l'aspetto di un membro gigantesco: è questa solo una semplice associazione simbolica, o non è stata piuttosto l'azione dell'Ubw che, ridendosela di se stesso, ha creato a sua immagine una cosa che la coscienza accampa poi come propria? « Come un bell'uccello d'argento! » sento appunto esclamare da una voce femminile. Non è divertente?
Io non mi considero un monista, e, se devo essere sincero con me stesso, vedo che mi fa piacere assistere al giuoco variegato di tutte le diverse forze, e vi partecipo a volte senza neppur saperlo. Ma, se riconosco che anche la parola scienza è solo un giuoco, non ci casco più a prenderla ogni volta con religiosa serietà. E, dopo aver constatato una volta che da uno spermatozoo e da un ovulo deriva sua maestà l'essere umano insieme alla sua scienza, non mi lascio poi nuovamente rinchiudere nella gabbia della stupidità che non vuol vedere che la vita viene prima del cervello. Ogni tanto mi prende la voglia di afferrare qualcuno per l'orecchio e di mostrargli un embrione. Penso pure che seguire le orme dell'Ubw sia non meno importante e affascinante che contare e ricontare le fibre di un muscolo o trascrivere da vecchi libri che esistono bacilli della tubercolosi. E se, così facendo, mi si sbiadiscono i confini fra scienza e misticismo, come quelli fra corpo e anima (confini che del resto erano ignoti ai Greci dell'epoca aurea), non mi sembra una disgrazia: certamente non per me, poiché io mi ci diverto, e neppure per i miei pazienti, poiché bene o male posso giovare a loro non meno degli altri medici, e in rapporto al destino dell'universo devo dire che non mi considero tanto importante. Io non cammino certo sulle nuvole, anzi sono saldamente ancorato alla prassi, e in ultima analisi la verifica

di ogni cosa per me avviene nel trattamento dei malati. E proprio qui mi si è dimostrata utile l'ipotesi che sia l'Es a fare ammalare l'uomo, perseguendo in tal modo una qualche sua finalità. Se l'uomo ha l'alito cattivo, è il suo Ubw che non vuole essere baciato, e se tossisce, vuole impedire che qualcosa entri dentro, e se vomita, vuol buttar fuori un alcunché di nocivo, e se c'è un callo, io finora ho sempre scoperto sotto al callo un punto dolente che l'inconscio vuole proteggere mediante un indurimento della pelle. E se qualcuno si prende la gotta, si potrà constatare che ha ragione di camminare con prudenza, per non inciampare nella pietra dello scandalo, e se uno perde la vista, sarà perché ha dato troppa corda all'abitudine dell'Es di non vedere la maggior parte delle cose. Poiché non è vero che noi vediamo sempre un solo frammento di ciò che potremmo vedere, è l'Es che ci impedisce di vedere, di vedere con la coscienza, quel che ci sta davanti. Però non impedisce che i raggi di ciò che non percepiamo impressionino la nostra retina e poi, 'di riflesso', anche noi stessi. 'Di riflesso', e chi non ride a sentir questo? Anche Lei avrà scoperto come me, migliaia di volte, che l'oggetto che vediamo senza percepirlo comporta pericoli per il benessere del nostro Ubw.
La mia lettera è divenuta paurosamente lunga. Ma La devo ancora ringraziare, innanzitutto per la Sua lettera, che mi ha detto quel che speravo. E poi ancor più per tutto ciò che Lei è e fa.

Il Suo sempre devoto

Groddeck

Esorbato, 29 luglio 1917

Egregio Collega,

la Sua lettera mi è regolarmente pervenuta e mi ha molto interessato. L'ho inviata a Ferenczi e ho dovuto attendere un po' prima di riaverla; da ciò il ritardo nel risponderLe.
Voglio solo dirLe che, se anche la Sua posizione nei riguardi della differenza fra fisico e psichico non coincide del tutto con la nostra, Lei dovrebbe lo stesso considerarsi persona a noi vicina e aiutarci nel lavoro. Le nostre riviste sono a Sua completa disposizione. Saremo assai lieti di pubblicare Suoi contributi, magari quelli che preludono alla Sua opera maggiore.
In questa attesa, e con i migliori auguri per il proseguimento dei Suoi lavori, La saluto.

Il Suo devoto

Freud

Baden-Baden, 3 ottobre 1917
Clinica Groddeck

Illustre Professore,

ho tardato a rispondere alla Sua benevola lettera perché desideravo mandarLe assieme anche un fascicolo[5] che ho avuto in mano solo oggi. In sostanza si tratta di una ripetizione di ciò che Le ho già scritto. Forse però si divertirà a guardare questo frutto delle Sue sollecitazioni.
La ringrazio per il permesso di collaborare di tanto in tanto alle Sue riviste. Ne approfitterò certamente.

Oggi Le esporrò solo alcune cose per passare il tempo. Cominciamo col tema: la gravidanza dell'uomo. Ho curato or non è molto un uomo affetto da gotta. Un mattino si lamentò di un nuovo attacco, comparso proprio all'inizio di una passeggiata. Non sapeva più se era uscito subito in strada o se prima era passato per il parco. Associazioni: parco-Parkin (nome di un prodotto contro la calvizie che usava suo fratello); da studente anch'egli si era servito di un liquido marrone contro la calvizie, e la sua padrona di casa l'aveva rimproverato perché erano rimaste delle macchie marroni sulle lenzuola. Gli chiedo se non gli è mai capitato di sporcare il letto. Si mette a ridere e racconta quanto segue: il secondo parto di sua moglie era durato un'intera notte; la notte successiva egli aveva sognato di dover espellere qualcosa dal ventre, aveva spinto a più non posso e al risveglio si era trovato il bambino lì in mezzo alle gambe, sotto forma di una scarica di feci. – L'attacco di gotta scomparve rapidamente dopo che fu trovata e analizzata l'associazione testa pelata-testa vuota-borsa vuota.
Nell'ultimo numero di « Imago » c'è un saggio di Levy sul mito del Paradiso.[6] È giustissimo interpretare la mela come seno; altrettanto, o forse ancora più importante, è che la mela indica le natiche (in italiano si dice appunto 'mele'). Anche in tedesco si usa assai spesso la parola *Apfel*, mela, in questa accezione. Visivamente è ancora più significativa l'immagine della pesca (guance di pesca). Il serpente è strettamente imparentato con l'albero (*Baumstamm-Stammbaum*, tronco dell'albero-albero genealogico). Le rappresentazioni pittoriche del peccato originale sono una miniera inesauribile. Per quanto riguarda la maledizione, Levy si lascia sfuggire la cosa più carina, il significato di: « Essa ti schiaccerà la testa e tu la insidierai al calcagno ». (Afflosciamento dopo il coito e favola della cicogna).
Nella « Psychoanalytische Zeitschrift » Ferenczi par-

la della raucedine. Io, che possiedo moltissimo materiale su questo disturbo, vorrei richiamare l'attenzione sul fatto che gli uomini diventano rauchi, anche cronicamente, quando hanno qualcosa che può esprimersi solo sottovoce, un misterioso complesso, che a un certo strato del loro inconscio vorrebbero comunicare, mentre un altro strato si difende. Rientra in quest'ambito anche l'arrestarsi nel bel mezzo della frase, o, nella comunicazione scritta, nel mezzo di una parola. Sono assai interessanti i toni bassi e acuti della voce nel corso della conversazione. Nei complessi infantili per lo più la voce sale solo in concomitanza di certe particolari parole.

È degno di attenzione l'uso di smentire certe affermazioni mediante intercalari come 'non è vero?', 'no?', ecc. È anche molto usato l'intercalare 'mi sembra'.[7]

Se Le può servire, cercherò di compilare una raccolta di cosette del genere.

Con sincera e profonda stima il Suo devoto

Groddeck

N.B. Se Lei crede che Ferenczi o uno degli altri signori abbiano interesse per il mio fascicolo glielo manderò volentieri; solo che non conosco i loro indirizzi.

Vienna, 7 ottobre 1917

Egregio Collega,

molte grazie per il Suo scritto,[8] che nonostante le riserve a Lei note mi sembra interessante e significativo. Mi preoccuperò di farlo recensire nella « Internationale Zeitschrift ».

Il Suo devotissimo

Freud

Vienna, 9 ottobre 1917

Egregio Collega,

accetto con gratitudine la Sua offerta di inviarci altre copie del Suo scritto. La mia è passata a Ferenczi (Budapest, Hotel Royal), che deve farne una recensione. Ne terrei volentieri una copia per me, e la terza dovrebbe circolare fra i membri della Società per suscitare interesse per i Suoi lavori.
I contributi che Lei ci promette verranno accolti con molto piacere e stampati non appena le difficoltà attuali lo permetteranno. Mi sembra particolarmente utile un piccolo saggio programmatico (in appoggio al Suo scritto) che introduca il pubblico della rivista a quel che c'è di nuovo e sorprendente nelle Sue esperienze e che possa presentare anche Lei stesso nel modo più opportuno. Lei sa che nutro un grandissimo interesse per le Sue concezioni e solamente mi chiedo, perplesso, fino a che punto potranno essere dimostrate.

Con i devoti saluti del Suo collega

Freud

Vienna, 28 ottobre 1917

Egregio Collega,

Le confermo ricevuta degli estratti del Suo scritto, che faccio circolare nella Società. Ferenczi ne ha già preparato la recensione.

La Sua interessante osservazione sull'analisi di *Rosmersholm*[9] mi ha indotto a rileggere il dramma e a parlarne con il mio, attualmente unico, assistente, il dottor Sachs. Siamo entrambi d'accordo nel non accettare la Sua interpretazione. Tutto ci sembra dimostrare che la confessione di Rebecca West[10] non è fittizia. Sachs ritiene che, così, verrebbe intaccato il midollo stesso del dramma. Secondo me il passo in cui essa spiega come, contro la propria volontà, si possa venir in tale modo trascinati sempre più lontano, nella sua sincera emozione parla contro il Suo assunto. Il fatto di portare Rosmer sulla passerella è piuttosto il simbolo di uno scopo, e non uno scopo in sé, per il quale si possa dare la vita. Deve significare soltanto che egli si è lasciato alle spalle il suicidio della moglie. Si può certo intuire l'impotenza di lui, ma Ibsen non vi si è soffermato e non ne ha fatto il perno del dramma.

Oggi ho visto una signora di 44 anni che voleva farsi rimettere in sesto sul piano psicologico, ma per la quale ho invece dovuto emettere una diagnosi di sclerosi a placche (pregressa nevrite, disturbi della vescica...). Io ho rifiutato, ma Le chiedo se Lei potrebbe accettare nella Sua clinica un caso del genere, nel cui decorso è evidente l'influsso dei fattori psichici...

Con i saluti del Suo collega

Freud

Baden-Baden, novembre 1917

Illustre Professore,

La ringrazio sinceramente per la Sua bontà. Ben volentieri mi proverò a curare la paziente di cui Lei mi scrive. La spesa si aggirerà, tutto compreso a eccezione del riscaldamento, sui 25-35 marchi al giorno, secondo l'ampiezza della stanza. Il trattamento è incluso nel prezzo.

Dunque Lei non ha cambiato parere su Rebecca West.[11] Io sono ora soltanto curioso di sapere come Lei si spiega che Rebecca ascolti di nascosto il colloquio fra Rosmer e Kroll e faccia capire a Kroll che lui dovrebbe conoscere chi ha scritto le lettere anonime. Ibsen è troppo accurato nei suoi lavori perché si possa pensare che abbia inserito questi due elementi solo per divertimento. Ho constatato che a ogni nuova lettura dei drammi di Ibsen ci si trova di fronte a nuovi problemi estetici e psicoanalitici. Negli ultimi anni mi sono convinto che egli si è beffato in modo sorprendente dell'umanità. Ne è un bell'esempio Nora.[12] Questa sedicente femminista mente, come si suol mentire solo nelle aule universitarie, e tiene a suo marito, sapendo che è ubriaco, dei discorsi a quattr'occhi che avrebbero una ragion d'essere solo in circostanze del tutto diverse. È una presa in giro bell'e buona del pubblico, che infatti ci è caduto in pieno.

Mi sembra che lo stesso valga anche per il *Costruttore Solness,*[13] per l'*Anitra selvatica*[14] e soprattutto per *Rosmersholm*. Io non ritengo che la mia interpretazione intacchi il midollo dell'opera; solo che il tutto appare ora in un'altra luce e il *pathos* diviene *pathos* ironico. Secondo me, tenendo presente la sproporzione che c'è in Ibsen fra mezzi e risultati, si vede come egli non abbia scritto drammi borghesi bensì commedie borghesi. Mi sembra anche probabile che egli ne fosse consapevole e conoscesse assai bene il riso silenzioso dell'ironista. È una tragica ironia che una donna straordinaria come Rebecca venga distrutta dall'ambiente dei Rosmersholm e da un 'nobile'.

Con i più vivi auguri, il Suo devoto discepolo

Groddeck

Baden-Baden, 19 ottobre 1919

Illustre Professore,

insieme a questa lettera Le invio un manoscritto[15] che in un momento di umore bizzarro ho chiamato romanzo psicoanalitico. Il libro ha fatto il suo inevitabile giro presso una schiera di editori e mi è stato regolarmente rimandato indietro con tanti ringraziamenti e un cortese rifiuto. Ora ho rinunciato alla speranza di trovare qualcuno che lo pubblichi, ma desidererei che Lei gli desse un'occhiata. Forse anche Ferenczi si divertirà a sfogliarlo; mi farebbe piacere poter ripagare con un paio d'ore di allegria il mio debito di gratitudine per la sua benevola critica del mio fascicolo.[16]
Confinato come sono in questa cittadina, non mi giunge più alcuna notizia su ciò che accade in giro. Quel pasticcione del mio libraio afferma che « Imago » e la « Internationale Zeitschrift » hanno cessato le pubblicazioni. È vero? Mi ero così abituato al piacere di leggerle, ma da mesi non riesco più a riceverne alcun numero.

I migliori auguri dal Suo riconoscentissimo

Groddeck

Baden-Baden, 31 gennaio 1920

Illustre Professore,

posso pregarLa di rimandarmi il manoscritto del mio romanzo? Sono di nuovo in trattative con una casa editrice, probabilmente invano; tuttavia voglio tentare. Sembra che il libro provochi una generale avversione, o per lo meno io prendo il Suo silenzio come segno che non lo ha gradito.
Rielaborando le mie conferenze[17] ne ho trovate alcune che riguardano il primo libro di Mosè[18] e altre che riguardano Pierino Porcospino[19] e alcuni quadri di Klinger.[20] Se Le possono essere utili per « Imago », Gliele manderò. Ma forse Lei ha già fin troppo materiale.

I migliori auguri dal Suo devotissimo

Groddeck

Vienna, 7 febbraio 1920

Egregio Collega,

ci è giunto il Suo contributo, ricco e originale come sempre le cose Sue. Se vuole, posso confermare tutto l'essenziale in base alla mia stessa esperienza. Lo pubblicheremo sulla rivista. Spero che sarà solo il primo di tutta una serie di contributi.
Per il Suo romanzo mi permetto ancora un suggerimento: non vorrebbe facilitarne la pubblicazione scegliendo un titolo meno buffonesco?[21]

Il Suo devoto

Freud

Vienna, 8 febbraio 1920

Egregio Collega,

nei prossimi giorni Le farò rimandare il romanzo dalla nostra casa editrice, però Lei si sbaglia: mi è piaciuto. E in certi punti mi ha sommamente divertito. Gli esempi dei vecchi umoristi inglesi sono ben compresi. Sotto un certo aspetto ci sembra imparentato con l'immortale modello di qualunque romanzo umoristico, il *Don Chisciotte*. Nelle mani dell'autore l'eroe cresce fino a diventare qualcosa di più serio di quel che ci si poteva aspettare all'inizio. Ho ammirato particolarmente la Sua dote, tutt'altro che comune, di raffigurazione plastica, soprattutto nelle scene sul treno.
Però concordo con Lei che il libro non potrà incontrare il gusto di tutti. Non è facile sopportare pensieri così intelligenti, audaci e impertinenti; tuttavia Lei deve cercare di farlo uscire. All'insegna dell'analisi sono state pubblicate cose ben peggiori.
I Suoi contributi a « Imago » ci saranno sempre graditissimi. Per ora siamo privi di carta, ma cerchiamo di procurarcela.

Con molta stima il Suo devoto collega

Freud

Baden-Baden, 2 marzo 1920

Illustre Professore,

la Sua lettera mi ha fatto un immenso piacere. Ora il romanzo gira di nuovo per le mani di editori, e spero che finirà per essere stampato. Approfitto subito del Suo permesso di collaborare alle vostre riviste. A dire il vero non è venuta fuori né la Bibbia né *Pierino porcospino*, ma forse anche i fumi di zolfo[22] troveranno amatori. La prego di decidere Lei se è più adatto per « Imago » o per la « Internationale Zeitschrift ». Io ho l'impressione che il saggio, prettamente terrestre, stia a metà strada fra il sublime di « Imago » e il terrestre della « Zeitschrift ».

Ringraziandola sinceramente, sono il Suo

devotissimo Groddeck

Baden-Baden, 7 aprile 1920

Illustre Professore,

la notizia che il saggio sull'inferno[23] uscirà sulla « Zeitschrift » ha provocato un mio nuovo parto. Se non è utilizzabile, La prego di perdonare il mio eccesso di zelo.
Del romanzo purtroppo posso dirLe soltanto che mi è stato rifiutato un'altra volta. I rifiuti, non pienamente motivati, cominciano con grandi lodi della prima parte per finire poi col giudizio che la parte analitica rovina la forma artistica, ragion per cui il tutto diviene inutilizzabile. L'ultimo editore sostiene addirittura che mi perdo in un crasso naturalismo. Andrò a bussare ad altre porte. Mi ha incoraggiato il fatto che nella Sua ultima lettera Lei è ritornato su quest'opera. Il problema del titolo è sempre scabroso. Ne sto cercando un altro. Ma non ho molte speranze. Ogni persona che lo legge si imbatte, in un modo o nell'altro, nelle proprie rimozioni, e allora si scatena la resistenza.
Sto scrivendo un saggio sul simbolismo[24] che è sta-

to concepito per « Imago »; però va tremendamente per le lunghe e sarà godibile solo per pochi.

Con i più cordiali auguri sono il Suo devotissimo

Groddeck

Vienna, 22 aprile 1920

Egregio Dottore,

ogni Suo contributo ci è molto gradito. Stia tranquillo che qui la redazione delle nostre riviste sa apprezzarLa al Suo giusto valore. Se avessimo soldi e carta, la nostra casa editrice porrebbe fine alle peregrinazioni del Suo romanzo.
Nei riguardi dell'ultima analisi che ci ha mandato ho una perplessità che Lei stesso dovrebbe aiutarmi a dissipare. Credo di conoscere il semi-ironico paziente della Sua analisi; non è facile che esistano due persone di quel genere. E inoltre ha troppa familiarità con il Suo modo di scrivere e di esprimersi, e perfino col Suo saggio sull'inferno. Finora abbiamo evitato per quanto possibile di dare adito a dubbi sul carattere documentario di un'analisi: ciò favorirebbe troppi abusi. E poi il carattere semi-immaginario della Sua analisi (di cui personalmente riconosco la piena legittimità), ci potrebbe mettere in imbarazzo di fronte al pubblico. Mi dica dunque che cosa ne pensa e se, ai fini della pubblicazione, non potrebbe trasporre in forma critica, la più seria possibile, il nucleo di questo 'delirio analitico'.

Molto cordialmente

il Suo Freud

Baden-Baden, 27 aprile 1920

Illustre Professore,

non so se le modificazioni nell'articolo sulla croce Le faranno piacere, comunque, in una certa misura, chiariscono ciò che prima era incomprensibile. E aggiungerò ancora qualche parola che Le mostrerà quanto strane siano, a volte, le cose. L'analisi effettivamente è andata così come ho scritto, ma è potuta andare così solo per il fatto che il paziente è il mio figliastro, che vive in casa mia da quando aveva otto anni. Egli è dotato di un talento letterario, di tipo imitativo, eccellente, che forse un giorno diverrà creativo. Durante la guerra è stato colpito da una grave nevrosi e io lo sto curando da due anni, ma con molte interruzioni. La somiglianza fra il suo modo di esprimersi e il protagonista del mio romanzo si spiega col fatto che egli è geloso e per me rappresenta Thomas Weltlein[25] in carne e ossa. L'imitazione della mia persona, che ha certo fornito molti tratti al personaggio di Thomas Weltlein, ha una parte importante nei sintomi della sua nevrosi e forse anche nelle cause. Il suo trattamento trova nei nostri stretti rapporti il suo fascino e le sue difficoltà. Forse un giorno mi deciderò a raccontare la sua storia, caratterizzata dalla combinazione di una annosa foruncolosi al viso e alla schiena con dei complessi nevrotici, un tipico esempio, cioè, di quelle situazioni che fin dal principio mi hanno indotto a imparare l'analisi con pazienti affetti da cosiddetti sintomi somatici.
Ho cercato di scoprire perché non ho subito affermato il mio diritto d'autore nei punti essenziali, attribuendo invece al mio figliastro cose di cui in realtà sono responsabile io, non lui, anche se formalmente è stato lui a portarle in analisi. Le modificazioni all'articolo Le mostrano che ciò ha a che fare con il mito di Cristo. Qualcosa dentro di me me ne ha

dato l'avviso, ma anche altri amici a cui l'avevo mostrato hanno percepito come Lei, dalla forma dell'articolo, che qualcosa suonava falso. E anch'io, a questo punto, ho provato una sensazione sgradevole. Ormai è acqua passata, poiché ho fatto onore alla verità, e La ringrazio di cuore per avermi tolto di dosso questo peso.

Adesso vorrei dirLe ancora una certa cosa su quell'articolo. Il suo elemento essenziale, almeno per me, è l'interpretazione della crocifissione. Questa interpretazione mi è venuta in mente già molto tempo fa – forse in rapporto a un'incisione di Félicien Rops – e me la porto dentro da molti anni, come anche molte altre cose che riguardano il Nuovo Testamento. Ho deciso di elaborarla nella seconda parte del Thomas Weltlein, che forse rimarrà per sempre nella penna, e di inserirla anche nel rimaneggiamento delle mie conferenze. Nel frattempo, però, il fatto che le mie immaginarie scoperte vengono pubblicate l'una dopo l'altra da Lei o dai Suoi collaboratori mi ha reso impaziente, inducendomi a metter la cosa per iscritto in questa forma. Nel mio intimo sono convinto che nel corso dei prossimi due anni qualcuno tratterà il tema di Cristo, e io, spesso, sono ancora vittima della mania di 'arrivare primo'.

Per Lei e per me si tratta ora della questione puramente pratica se l'interpretazione debba venir pubblicata adesso in una delle Sue riviste o se invece non sia meglio aspettare. Quanto la cosa mi stia a cuore lo vede dal fatto che in principio ho attribuito l'interpretazione al mio figliastro, nascondendomi, al tempo stesso, dietro le Sue spalle e scaricandola sulla Sua rivista. Credo che ciò parli abbastanza chiaro. Per piacere, non pubblichi questo saggio. Ora ce l'ho fatta. Non è stato facile. Ma sono sempre contento quando finalmente mi decido ad ammettere una brutta azione e a farne ammenda. Mi rallegro perché Lei è comprensivo.

Vorrei dirLe ancora una quantità di belle cose, per

esempio che sono di nuovo chino sui Suoi libri e ne godo. E poi, che mi è caro sapere che a Vienna c'è una persona che mi segue senza conoscermi, che mi dice qualcosa, mentre per il resto, da lontano, tutto tace, e solo le voci qui accanto raggiungono le mie orecchie.
Le farebbe piacere se chiedessi di entrare in una delle Società psicoanalitiche? So già fin d'ora che non sono un tipo troppo adatto; però posso dire che sono sopportabile.
E ora, per finire, ancora una parola sul mio romanzo. Ricevo un rifiuto dopo l'altro. Non sarebbe possibile pubblicarlo presso il *Psychoanalytischer Verlag*, se provvedo io alle spese? Ma la carta... mi perdoni se sono indiscreto. La colpa è in parte Sua, poiché Lei è gentile con me, e a questo – per lo meno da parte dei medici – io non sono abituato.

Con molta stima e cordialità

il Suo Groddeck

Vienna, 9 maggio 1920

Egregio Collega,

è stato proprio un singolare miscuglio di cose azzeccate e cose fraintese. Ora però che Lei ha chiarito e messo a posto la faccenda, La prego anche di dare a posteriori il Suo consenso a quanto ho fatto.
Ho già passato il Suo contributo, per me assai prezioso, alla redazione della rivista.
E del resto non si dice forse: 'Il figlio (*di*) *pende* dalla madre' o, come noi diciamo, 'è fissato su di lei'?
La Sua proposta per la casa editrice ci ha natural-

mente entusiasmati. *Purché* si riesca a procurarci la carta, potremo occuparci della cosa. Ma Lei sa anche quanto siano alti i costi oggi? La carta costa 1 marco al foglio, e quindi per 20 fogli circa e 1.000 copie ci vorranno 20.000 marchi. Mi dia la bella notizia che somme del genere non La preoccupano! Inoltre io proporrei di mettere come titolo semplicemente il nome del protagonista, col sottotitolo: Un romanzo psicoanalitico.
Se a noi gioverebbe che Lei entrasse, ad esempio, nel gruppo di Berlino? Penso di sì, e allora ci si potrebbe vedere ai congressi (il prossimo si terrà all'Aia l'8 settembre).
La saluto cordialmente. Ha ragione, c'è in giro poca benevolenza nel mondo.

Il Suo Freud

Baden-Baden, 21 maggio 1920

Illustre Professore,

ben volentieri do il mio consenso 'a posteriori', sono grato per la pubblicazione del mio lavoro e rimpiango solo che nel saggio manchi il Suo apporto « il figlio (di)pende dalla madre » e l'osservazione su *fissato* e *crucifixus*. Se non pretendo troppo, vorrei chiederLe di inserirlo, se ancora possibile, in una nota.
Ho fatto domanda per entrare nel gruppo di Berlino. Sarebbe bello se io potessi una volta incontrarLa, e l'Aia non è irraggiungibile per me. Da anni mi frullava per la testa di chiederLe di essere graditissimo ospite qui da me per qualche settimana. Ma una cosa del genere dobbiamo strapparcela a

forza dall'anima prima di osare esprimerla. Nulla però può impedire di accarezzare un desiderio. *Thomas Weltlein, romanzo psicoanalitico,* è semplice e va bene. Grazie infinite. È talmente bello sapere che forse pubblicherà il romanzo nella Sua casa editrice che non cesso di rallegrarmene. Il problema economico è solubile, anche se non con mezzi miei: ma ho degli amici – soprattutto in Olanda – che mi aiuteranno, e quindi, appena sarà in vista la carta, posso depositare i ventimila marchi dove e come Lei desidera. Nella cerchia dei miei conoscenti posso contare su alcune centinaia di acquirenti, sicché, anche nel caso peggiore, chi anticiperà il denaro non ci rimetterà troppo. Vuole dunque tentare?
Ho apportato ancora alcune piccole modificazioni, ma penso che Lei ne sarà contento.
Per ora il mio lavoro sui simboli riposa. Se mi riuscirà, La potrà interessare certamente. Ma il problema è se mi riesce.

Con i miei più cordiali saluti e con profonda gratitudine sono

il Suo devoto Groddeck

L'Aia, 11 settembre 1920

Illustre Professore,

ho molto ripensato alla Sua domanda se quanto ho affermato al Congresso[26] l'ho detto proprio sul serio. Cercherò di spiegarmi.
Se si chiede a delle cosiddette persone sane di osservare gli oggetti della loro stanza, e poi di chiu-

dere gli occhi ed enumerare tali oggetti, regolarmente esse dimenticano o questo o quello.
Se poi si analizza perché proprio quelle certe impressioni visive non sono giunte a coscienza, ne risulta che esse appartengono a complessi rimossi. C'è quindi una censura di veglia.
Se i complessi rimossi sono troppi per le persone dalla vista buona, la censura si fa più rigida e rende l'occhio miope. Se questo non basta, l'inconscio distrugge la retina mediante emorragie.
Si tratta, in campo diverso, di un fenomeno analogo alla formazione dell'antitossina per combattere la tossina, o all'insorgenza della febbre e della suppurazione per vincere l'infezione.
Col risolversi della rimozione, la censura può allentarsi, e si può quindi fare a meno delle emorragie retiniche. *Ceteris paribus*: quando viene a Baden-Baden?

Il sempre Suo devoto

Groddeck

Baden-Baden, 17 ottobre 1920

Illustre Professore,

invece del saggio sul simbolismo, che Le ho promesso da tanto tempo, Le mando un'eco dei giorni del Congresso.[27] Per me questo tentativo di affrontare questioni di terminologia è una necessità, perché rischio sempre di essere frainteso. Dopo questa prova spero di esser degno del diploma di psicoanalista e di poter tornare, con la coscienza placata, al mio gergo personale, con cui mi ritrovo meglio e che mi lascia la libertà di pensare ciò che devo pensare. In

realtà il congresso ha avuto per me una conseguenza piuttosto spiacevole. Si è talmente riconfermata in me la vecchia esperienza che la parola incatena il pensiero, che la mia avversione per i termini tecnici, anzi per ogni definizione precisa, è divenuta ancora maggiore di quanto già fosse.
Forse il saggio può essere accolto nella rivista. Rank Le ha comunicato il titolo che ha trovato per il romanzo? *Lo scrutatore d'anime*. Questo titolo mi piace, ma non vorrei apportare alcun mutamento senza la Sua approvazione. A chiarimento devo aggiungere che ho inserito nel primo capitolo un racconto dove si parla di una silhouette, che Thomas Weltlein chiama lo scrutatore d'anime, e che domina l'intero romanzo; la silhouette sarà stampata in copertina. È stato per me uno straordinario piacere conoscere Rank. Nelle poche parole pronunciate al congresso egli ha espresso in modo chiaro e deciso ciò che pensava, e questa è una dote che a me interessa.
Per il resto, nel giorno del congresso io non ho fatto che correrLe dietro quasi in trance, proprio come un innamorato. E quando ci ripenso mi fa piacere di essere ancora abbastanza giovane da provare sentimenti intensi quando ne vale la pena. Ora la mia unica grande aspirazione è di poter stare una volta insieme con Lei tranquillamente. Ma le prospettive al riguardo non sono favorevoli. Io sto inchiodato qui e devo guadagnare, e non credo che per Lei le cose vadano molto diversamente.

La prego di ricordarmi alla Signorina Anna e a chi altro possa avere interesse per i miei saluti, e di gradire Lei stesso i saluti più cordiali dal Suo fedele discepolo

Groddeck

Vienna, 15 novembre 1920

Caro Dottore,

mi fa molto piacere che siamo riusciti a carpirLe un saggio così bello e 'garbato'.[28] Si trova già nel dossier della redazione e ne uscirà (speriamo!) per comparire nel secondo numero del nuovo anno. Del Suo romanzo naturalmente so tutto e concordo in pieno col titolo proposto da Rank. Ora stanno preparando un bel bozzetto per la copertina.
Non mi è ben chiaro perché Lei si atteggi a martire per aver dovuto accettare la nostra terminologia. È un residuo della prima lettera che Lei mi ha scritto, un po' di polvere di calce caduta dalla porta per la quale Lei è entrato nella nostra cittadina! Ho osservato ridendo che alla fine del Suo saggio, bello, originale e tutto pervaso di un libero scetticismo, Lei diventa dogmatico e fantasioso, e conferisce al nostro inconscio, che finora avevamo in comune, e che grazie a Dio era rimasto del tutto provvisorio e indeterminato, le più precise qualità attinte da misteriose fonti conoscitive. Certo, è vero che per ogni persona intelligente c'è un limite varcato il quale passa nel misticismo, ed è il punto dove ha inizio la sua sfera più personale. Ma non può cambiare ancora qualcosa in quelle ultime frasi, fare un 'sacrificio d'emozione'?[29] Le verrà riconosciuto con gratitudine.
Le Sue parole sul piacere che molto probabilmente trarremmo entrambi da un più ampio scambio di idee trovano in me una profonda risonanza. Ma è vero anche quanto Lei aggiunge con rassegnazione subito dopo. Mi trovo nella situazione della Sibilla Cumana, che vuol far pagare più caro del totale l'ultimo terzo del suo patrimonio di saggezza. Anch'io sono divenuto così povero che devo vendere a caro prezzo l'ultima parte del tempo e delle forze che dedico al lavoro, e per fortuna non ne re-

sta più neanche un terzo. L'analogia è zoppicante anche per il fatto che non mi capita nessuno dei così rari monarchi che circolano ancora oggigiorno, e quindi devo arraffare soldi da colleghi e bottegai.

Cordiali saluti dal Suo

Freud

P.S. Mia figlia è ancora a Berlino; il Suo amichevole ricordo le farà molto piacere.

Baden-Baden, 20 novembre 1920

Illustre Professore,

la Sua lettera mi mostra ancora una volta quanto Lei sia buono verso di me. Le frasi conclusive del mio saggio,[30] lette *senza emozione*,[31] assolutamente non vanno. La prego di togliere tutto quel passo e di chiudere il saggio con le parole: « da ciò deriva che la psicoanalisi dei disturbi organici segue le stesse leggi teoriche e consegue gli stessi risultati pratici della psicoanalisi delle nevrosi ».
Con questo il problema viene differito, ma non risolto, poiché io posso rinunciare senz'altro, volentieri, a impuntarmi qui, dove la cosa sarebbe del tutto fuori luogo, ma il mio misticismo, del quale non posso fare a meno, dovrà venir fuori da qualche altra parte. Passo quindi a una questione a cui ho già accennato molte volte. Da alcuni anni sto covando un libro che dovrebbe esporre il mio pensiero in modo tranquillo e comprensibile. Penso che in inverno mi ritirerò alcuni mesi per concludere questo lavoro. Ma ho paura che non Le piacerà

troppo, poiché conterrà molto misticismo e molta fantasia. Anche per i miei rapporti con Lei sarà una gran bella cosa quando avrò partorito questo mostro. Mi sento come un bambino di cui i grandi pensano che sia stato buono, mentre nel profondo nasconde in sé ogni sorta di cose che, lui lo sa bene, non verrebbero approvate dai genitori; perciò mi piacerebbe che Lei conoscesse questo lavoro. Si vedrà allora se mi può ancora tollerare come seguace. Non mi sfugge che dietro questa paura di perdere la Sua approvazione si nasconde il desiderio di ritrovare la libertà. Ma questo desiderio non avrà alcun influsso sul lavoro, tanto più ora, dopo che la Sua lettera mi ha messo in guardia contro il pericolo dell'*emozione*.[32] Il megalomane, che cova dentro di me, mette fuori la testa anche dove non dovrebbe. E poi mi è difficile stare zitto solo per il fatto che non si è mai ben sicuri se ciò che si dice è veramente giusto. Più volte ho dovuto constatare che, per eccesso di prudenza, una persona ha taciuto cose che proprio lei sola avrebbe potuto dire. Sì, e poi a cinquant'anni si può ancora esprimere una opinione temeraria, cosa che invece appare impossibile a chi ne ha sessanta; e se uno è sconosciuto, non è vincolato dal proprio passato o dalla propria autorità.

Forse anche mi sbaglio, e il libro non è poi così pericoloso. Comunque La prego di non dare ancora un giudizio definitivo su di me, per quanto riguarda la mia attività medica. E quanto all'uomo, Lei non potrà liberarsi di me, se non altro perché sarò io a non mollarla; io me ne sto aggrappato ben forte, e così ci rimetterei un pezzo di pelle se mi si scrollasse via.

Spero che le mie dichiarazioni d'amore non suonino troppo monotone. In fondo, però, sono tranquillo a questo riguardo, da quando ho visto il

Suo sorriso comprensivo che personifica così bene il « Non giudicate ».

Con molti cordiali saluti ed auguri sono

il Suo devoto Groddeck

Vienna, 28 novembre 1920

Caro Dottore,

La ringrazio molto per avere immolato l'ultima parte del Suo saggio per la rivista.
Posso assai ben comprendere che se ne voglia risarcire (il punto di vista economico!) e sono assai impaziente di vedere il libro che mi ha annunciato. Ma non condivido per nulla i timori a cui Lei allude; anzi, se tutto ci andrà bene, Le chiederemo di cedere alla nostra casa editrice anche quest'opera eretica. In realtà sono io stesso un eretico, che non si è ancora trasformato in un fanatico. Io non sopporto i fanatici, le persone capaci di prendere solennemente sul serio la propria limitatezza. Purché ci si mantenga all'altezza e si sappia ciò che si fa, si può imboccare ogni sorta di strada, anche al di fuori di quella maestra. Pure il coraggio di cui Lei vuol dar mostra mi è molto simpatico. Forse la mia ultima breve opera, appena comparsa, *Al di là del principio del piacere,* muterà un po' anche ai Suoi occhi l'immagine del mio carattere.
Neppure io, quindi, penso di rinunciare tanto facilmente a Lei.

Con cordiali saluti

il Suo Freud

Baden-Baden, 31 dicembre 1920

Illustre Professore,

come saluto per il nuovo anno Le invio per «Imago» un saggio un po' malriuscito.[33] È comunque caratteristico del mio modo di essere, nel caso che per il resto non valga nulla. Nella prima metà il tessuto è solido e fitto, poi si dirada, e alla fine rimangono solo un paio di striscioline che racchiudono e tengono insieme giganteschi buchi. Il tutto merita di essere definito un prodotto della pigrizia. Nel frattempo mi è giunta la prima copia dello *Scrutatore d'anime.* La copertina e la stampa sono magnifiche e la veste nell'insieme è assai degna. Sono molto contento di vedere circolare il mio pazzerello così bene agghindato. Ora non resta che attendere che cosa ne dirà il mondo. Non ho ancora in mano la Sua nuova opera, e quindi posso pregustarmela un po' più a lungo. Vorrei poterLe ricambiare in qualche modo una parte di quella gioia di vivere che Lei mi ha procurato. Ma posso fare solo quel che fanno i bravi figlioli con il loro padre, propormi cioè di lavorare bene e di farLe onore.
Lunedì, per la prima volta dopo sei anni, vado in vacanza, nella Foresta Nera, in una casetta lontana da ogni essere umano, accompagnato solo dalla mia assistente, senza servitù e senza alcun pericolo d'imbattermi in anima viva. Lei cucinerà e io spaccherò la legna e farò le pulizie, passeggeremo per il bosco, daremo da mangiare a uccelli e caprioli e faremo grandi dormite. E, se il cielo vorrà, incomincerò il libro sull'inconscio. Qualcosa di popolare. Un paio d'anni fa mi sentivo spinto a scriverlo, ora mi ci devo costringere.
La proposta fattami dalla casa editrice di collaborare al libro per bambini non avrà seguito.
Fuori i ragazzini fanno scoppiare mortaretti e petardi, eppure la notte è tiepida come in aprile. Ogni

tanto il vento passa attraverso gli alberi davanti alla mia finestra, e tutto sommato la vita è tremendamente bella.

La saluto di cuore e sono come sempre il Suo riconoscente e devoto

Groddeck

Vienna, 9 gennaio 1921

Caro Dottore,

manoscritto arrivato,[34] non infierisca, intelligente e ardito come sempre. Al 'pazzerello' il vestito sta proprio bene. Piacerà a molti – e farà arrabbiare molti altri. Ferenczi mi prega di salutarlo.[35] Le invidio molto la Sua vacanza nella Foresta, ma non potrebbe scegliere un'altra stagione?

Cordiali auguri

il Suo Freud

Vienna, 17 aprile 1921

Caro Dottore,

è domenica e voglio approfittare del giorno di festa per rispondere alla Sua lettera.
Le cinque lettere[36] sono incantevoli; sono ben deciso a non lasciarle emigrare presso un altro editore. Soprattutto dove racconta di sé, Lei è irresistibile. Devo dirLe che mia figlia, che finora è stata, oltre a me, l'unica persona che le ha lette, e nonostante

una certa antipatia che le era rimasta dal tempo dell'Aia, ha avuto la stessa impressione.
Ora sono molto ansioso di leggere il seguito, per vedere se riuscirà anche più avanti a rendere così fluido l'indocile materiale e così riconoscibile, nonostante i Suoi 'capricci', la pedana da cui Lei prende lo slancio. Il Suo stile è affascinante, il Suo discorso quasi musicale.
E ora parliamo di una cosa più seria: comprendo assai bene perché a Lei l'Ubw non basti per farLe considerare l'Es superfluo. Anche per me è così, solo che io ho un particolare talento per accontentarmi della frammentarietà. Infatti l'inconscio è ancora soltanto qualcosa di fenomenico, un segno distintivo, in mancanza di una conoscenza migliore, come se dicessi: il signore nel cappotto di loden, di cui non riesco a vedere chiaramente il viso. Che cosa faccio se un giorno egli compare senza questo indumento? Perciò da molto tempo io raccomando nella mia cerchia intima di non contrapporre fra loro l'Ubw e il Vbw [preconscio], bensì un Io coerente e una zona rimossa, staccata da esso. Ma neanche così si risolve la difficoltà. Anche l'Io nelle sue zone profonde è altrettanto profondamente inconscio, e confluisce appunto col nucleo del rimosso. Per rappresentarci la cosa in modo più corretto si potrebbe quindi affermare che le distinzioni e le suddivisioni da noi osservate valgono solo per gli strati relativamente superficiali, non per le profondità, per le quali il Suo 'Es' sarebbe la denominazione giusta. Pressappoco così:

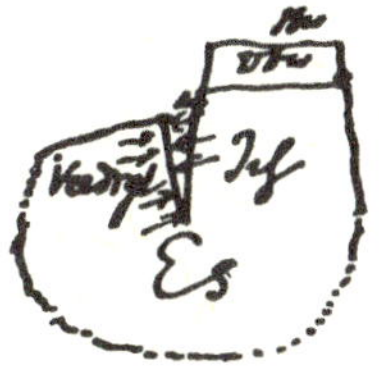

Ne parleremo ancora quando il libriccino (il Suo) sarà finito. E preferirei parlare che scrivere. Ma come fare? Potrebbe venire quest'estate qualche giorna a Gastein o nel luogo dove mi troverò dopo? Lei dice anche che io mi sono allontanato dall'erotismo. Forse il mio prossimo saggetto Le mostrerà che, anche se così è, mi porto comunque l'Eros in viaggio con me (*Psicologia delle masse e analisi dell'Io*).

In attesa, salutandoLa cordialmente,

il Suo devoto Freud

Baden-Baden, 22 maggio 1921

Illustre Professore,

posso cominciare subito con una preghiera? Perché non viene qui per qualche settimana? Se Le fa piacere. So che spesso la condizione di ospiti è fastidiosa. Ma alla Marienhöhe si vive bene. Nessuno viene disturbato né si lascia disturbare. Le porteranno, come a tutti, i pasti in camera, e se desiderasse compagnia a tavola o in altri momenti Le basterà dirlo, e io verrò a mangiare con Lei. Già da anni io vi trascorro tutta la giornata e la mia casa mi serve solo per dormire. Dei malati – non ce ne sono mai più di 14 – Lei non si accorgerà neppure, né di alcun odore di iodoformio o di farmacia. E poi starebbe a Baden-Baden. Per quanto abbia girato il mondo, Baden-Baden rimane sempre il posto più bello. Personalmente io sono un immigrato, un prussiano, e non amo i tedeschi del sud più di quanto essi amino me. Ma il paese è bello.
L'unica difficoltà è che avrà fra i piedi un innamorato. Ma in questo io sono ancora giovane e, se al-

l'Aia mi bastava vederLa e parlarLe di quando in quando per esser soddisfatto, sarà così anche qui. Se non sono stato male informato, Lei è abituato ad avere con sé Sua figlia. Spero quindi che essa avrà la bontà di accettare il mio invito e di convincere anche Lei. La prego di salutarLa da parte mia. Le Sue parole e lo schizzo del rimosso, dell'Io e dell'Es mi sono serviti e daranno frutti. Molte grazie! La mia vena di scrittore, al momento, è un po' scarsa. Però ho l'impressione che presto tornerà a scorrere. È stata una grande gioia sentire che le lettere Le sono piaciute.

Posso parlare di lavoro? C'è qui da me una donna che mi è giunta con l'etichetta di vizio cardiaco e nefrite cronica. Gravemente idropica e fervente cattolica. All'inizio le cose procedettero discretamente. Poi all'improvviso, complice la domenica, la ritenzione idrica aumentò, il polso si indebolì in modo preoccupante e la secrezione di urina cessò del tutto per 36 ore. Lunedì mattina alle 10,30 scoprii il motivo della resistenza. All'1,30 il vaso da notte era pieno, e il mattino successivo erano venuti fuori ben tre litri. Non è carino?

E un'altra, che anni prima era stata contagiata di gonorrea. Poi era guarita, ma dovevano essere rimasti residui di una salpingite. Da quattro mesi si era ripresentata una secrezione gialla e purulenta, senza gonococchi, e forti dolori a sinistra, nella zona della tuba. Lungo trattamento ginecologico. L'etichetta scelta dalla saggezza inglese è « septic endometritis » e « salpingitis »: probabile dunque la presenza di streptococchi. All'una, prima seduta di analisi. Due ore dopo i dolori sono scomparsi. Il mattino successivo un po' di perdite bianche. Si cerca e si trova la resistenza. Da allora le perdite sono cessate. Non è carino anche questo? Se anche altri si decidessero una buona volta a chiedersi se è legittima la distinzione fra organico e nevrotico!

Caro Professore, venga dunque a Baden. Le piacerà molto.

Tante belle cose e cordialità dal Suo fedele discepolo

Groddeck

Vienna, 29 maggio 1921

Caro Dottore,

che seducente prospettiva mi fa balenare! E come è furbo a invitare anche la mia piccola, perché io non soffra di nostalgia! Naturalmente, non posso accettare. Il motivo razionale è che le vacanze di quest'anno sono già tutte programmate e non mi resta libero neanche un giorno. Il motivo reale è un altro. Cioè che non sono più giovane. Se avessi quindici anni di meno, neppure il diavolo mi avrebbe potuto impedire di mettermi alle Sue costole per qualche settimana a guardare che razza di arti Lei pratica, come già avevo fatto un tempo con Bernheim. Ma ora, glielo dico francamente e confido che Lei non andrà a dirlo in giro innanzi tempo: tutto sommato, col passare degli anni, solo un bisogno rimane, il bisogno di quiete. Il calcolo è assai semplice. Poiché non potrò raccogliere i frutti dell'albero, preferisco non piantarlo nemmeno. Banale ma vero. Non si ha più voglia di imparare alcunché di nuovo, e anche dalle cose vecchie non si ricava più il giusto piacere. Fra circa vent'anni Lei mi capirà meglio, e allora non penserà peggio di me quando ricorderà che mi sono arreso al destino senza indorare la pillola.

È chiaro che non potrei stare da Lei solo per godermi il fascino della Sua compagnia. Dovrei anche oc-

cuparmi degli strani influssi che Lei studia. Inoltre c'è la telepatia che bussa forte alle nostre porte pretendendo di entrare; e molte altre cose, che vengono chiamate occulte. La possibilità di alterare i fattori patogeni attraverso sostituzioni e innesti di ghiandole sessuali, ecc. Quel che pure si è fatto è tanto incompiuto, frammentario, provvisorio; ci vorrebbe una seconda vita per migliorarlo.
Con tutto ciò non è escluso che si presenti ancora uno spiraglio e che Le possa capitare davanti per alcuni giorni come visitatore inaspettato. Spero che in Germania viaggiare sia di nuovo un piacere. Da noi non è così.
Non è carino che la Sua amica[37] non La spinga più a proseguire la corrispondenza.

La saluta e La pensa cordialmente

il Suo Freud

Baden-Baden, 2 luglio 1921

Illustre Professore,

la Sua lettera mi ha lasciato una piccola speranza che Lei capiti ancora qui all'improvviso. Mi ci aggrappo e me ne rallegro.
Se questa speranza non si adempisse, dovrò consolarmi col congresso, ma non so se ce ne sarà uno. Le riviste ci mettono molto tempo a trovare la strada fino qui.
La mia amica ha preso a cuore la Sua sollecitazione e mi ha schiacciato la pancia tanto a lungo che finalmente ne sono usciti fuori alcuni altri figlioletti spirituali. Verranno da Lei nei prossimi giorni. Poiché non so quante delle lettere siano in mani

Sue, Le mando a ogni buon conto tutto ciò che è pronto, a partire dalla sesta. Comunque La prego di considerare queste lettere solo come stesure provvisorie. Il materiale è così abbondante che probabilmente in seguito dovrò eliminarne una buona parte.

Nel lavoro mi capitano ogni tanto cose che val la pena di riferire. Per esempio, poco fa mi è giunto un caso di endometrite, con perdita di materiale purulento e maleodorante, che da quattro anni era stato curato da ginecologi inglesi e olandesi. In precedenza la paziente era stata contagiata di gonorrea, prima del matrimonio, dal futuro marito. I gonococchi sono scomparsi da molto tempo, ma l'endometrite è rimasta. Il matrimonio era stato contrastato dalla famiglia di lui, probabilmente perché la donna era di condizione sociale molto inferiore. Fin dal primo colloquio risultò che con le sue perdite maleodoranti la paziente intendeva rispondere a ogni offesa del marito o della sua famiglia. L'idea era questa: « Mi ritenete indegna di voi, però è stato il vostro nobile figlio a contagiarmi ». Il sintomo, presente da quattro anni, è scomparso assai rapidamente. N.B.: solo con la psicoanalisi (o con la cessazione di ogni trattamento locale, anzi di qualunque forma di trattamento fisico). La cosa più interessante è che l'infezione (evidentemente?) era stata indotta dall'avversione alla maternità. Infatti, dietro a tutto il resto comparve uno spiccato complesso edipico, che ora spero risolto. Inoltre, in questo caso mi è stata nuovamente confermata la mia vecchia idea che l'ingrassamento significa simbolicamente gravidanza: la paziente ha perso 11 chili in tre settimane.

Attualmente si trova presso di me uno dei Suoi pazienti, un certo Dott. Veneziani di Trieste. Sono curioso di vedere che cosa ne verrà fuori.

Ogni tanto mi giunge qualche notizia dello *Scrutatore d'anime*. Ma la cosa più carina sono le espe-

rienze che questo libro mi permette di fare coi miei amici più intimi: tutti lo nascondono accuratamente.
Per concludere, devo ancora una volta esprimere la speranza che Lei venga qui. Il viaggio è caro, ma non più scomodo di qualunque altro viaggio. Venga, La prego.

Tanti buoni auguri dal Suo fedele discepolo

Groddeck

Bad Gastein, 29 luglio 1921

Caro Dottore,

ho ricevuto le nuove lettere alla Sua amica e le ho lette qui nella quiete delle vacanze. Mi piacciono particolarmente le frasi di apertura e i frammenti di un'autoanalisi; qui Lei diventa semplicemente incantevole. Forse potrebbe sacrificare alcune piccole impertinenze e modificare diversi particolari che scandalizzerebbero gli analisti. Per esempio non è consigliabile andare a cercare un significato profondo nella versione mosaica della creazione.[38] Essa è probabilmente una deformazione intenzionale, di origine sacerdotale, del vecchio mito, e per di più anche l'unico caso noto in cui la donna viene fatta nascere dall'uomo, invece della derivazione inversa (incestuosa). Parimenti, nel modo di trattare la mestruazione,[39] gli ortodossi pretenderebbero che si tenesse conto di tutta una stratificazione complessa. Se la donna reagisce all'approccio del marito anticipando il flusso mestruale, non si tratta solo dell'antico ardore, ma anche di un'intensa difesa, che si serve dell'antico richiamo ora divenuto inuti-

le. L'interpretazione dell'orticaria in chiave erotica non farà che scandalizzare queste persone, senza chiarire le cose. E via dicendo.
Come esempio ammonitore si intravvede in lontananza un certo W. Stekel, che però è molto più intemperante, e anche molto più incostante, di Lei.
Vorrei sapere qual è la struttura, la mole e lo scopo dell'opera, che comunque penso sicuramente di accettare. I pezzi delle analisi reclamano a gran voce un seguito.
Il sottoscritto rimarrà qui fino al 13/8, poi si trasferirà a Seefeld nel Tirolo.

Cordialmente

il Suo Freud

Baden-Baden, 6 agosto 1921

Illustre Professore,

dopo Gastein e Seefeld, certo non avanzerà più nulla per la povera Baden. E io che vorrei tanto gustare la gioia di averLa qui, se non altro per poterLa distogliere, mettendoLe le cose sotto gli occhi, dagli oscuri presagi con cui accompagna la mia evoluzione psicoanalitica. Perché devo ben presumere che l'accenno a Stekel esprima una qualche preoccupazione, anche se io non ne posso misurare la portata. Al di fuori del libro sui sogni[40] io non conosco nulla di lui; un suo libro sulla patologia di guerra era così noioso che l'ho abbandonato dopo le prime due pagine. Però non so che cosa sia accaduto fra Lei e Stekel. Lei comunque me l'ha descritto, e io sono ben contento di attribuirmi una delle sue caratteristiche, l'intemperanza, mentre, invece, non sono incostante. Posso aggiungere una parola chiarificatrice sulla mia intemperanza? Ai tempi della scuola le parole 'preciso' e 'obiettivo' avevano per me un grande valore. Io non sono mai riuscito ad essere preciso e obiettivo nel modo che si desiderava da me, e, poiché non ci riuscivo, mi sono messo a rivedere le bucce a quelli che – nel campo che m'interessava, cioè la medicina – si gloriavano di possedere tali caratteristiche. Poiché volevo trovare gli errori, andava a finire che li trovavo, e così sono giunto alla mia personale sopravvalutazione del soggettivo e del contraddittorio. E da ciò si è sviluppata una specie di precisione della paradossalità, che sembra assai simile alla intemperanza e in un certo senso anche lo è. Ne hanno fatto le spese soprattutto le definizioni. All'inizio cercavo di farle saltare ad una ad una, cosa del resto non troppo difficile. Ma a poco a poco la comprensione per le definizioni mi è venuta a mancare, tanto che devo darmi da fare per afferrare il loro senso. E abbastanza di frequente non ci riesco. Si è quindi innalzata una barriera che mi preclude un bel pezzo di mondo. Ma l'aspetto essenziale della mia incapacità di trattenermi non è tanto che mi perdo in lontananze abissali, quanto piuttosto che non riesco a tenere ordine in un campo delimitato. Già quando andavo a scuola nel mio armadio regnava il caos più assoluto, pettini e fette di pane imburrato coabitavano coi libri di testo. E le cose sono rimaste così. In altre parole, io non vedo i confini fra le cose, ma solo il loro fluire l'una nell'altra. Questo è un difetto, ma anche un grosso vantaggio. Le menti sistematiche, per essere apprezzate, hanno bisogno anche di gente della mia razza, così come un pizzico di pepe non va mai disprezzato. In ultima analisi, la mia intemperanza è certo determinata dal mio rapporto con i genitori e i fratelli. Noi siamo stati allevati all'insegna di un motto arrogante: « C'è gente buona, c'è gente cattiva, e poi ci sono i Groddeck ». Fra noi e gli altri c'è quindi una barriera, che io non posso superare; ma come equivalente si è instaurato in me il desiderio di ignorare le barriere dell'incesto, di non lasciare che sorgano diaframmi fra me e i Groddeck. Può immaginarsi quale folle massa di complessi ne sia derivata, poiché le barriere dell'incesto si sono assai poco preoccupate dei miei desideri. In realtà, per quanto io ne sappia, non sono state superate, ma per me deve avere avuto una grande importanza il fatto che io sono l'unico sopravvissuto della mia famiglia. La mia povertà e la mia guarigione si possono far risalire, con un po' di buona volontà, ai decessi dei miei familiari, e la cosa più sorprendente è che, dopo la morte dell'ultimo Groddeck,[41] mi sono legato a una persona[42] con tutto il sentimento di cui dispongo, l'ho fatta mia, - ed è una persona che mi ricorda ogni giorno e ogni ora qualche membro della mia famiglia, e in particolare mia sorella e mia madre.

Perdoni la mia lunga spiegazione, sia buono con me e abbia fiducia. Rielaborerò le lettere, e per quanto possibile estirperò ciò che può dare scandalo. Ne rimarrà pur sempre abbastanza per procurarmi la soddisfazione di vedermi oggetto di anatemi da parte di questo o di quello.

Fra un paio di giorni Le manderò un altro gruppo di lettere all'amica. Alla Sua domanda sulla struttura, la mole e lo scopo dell'opera posso rispondere solo entro certi limiti. Di struttura non ce n'è. Lo scopo originariamente era di scrivere un libro comprensibile a tutti sulla psicoanalisi, che potesse facilitare il trattamento. Nel frattempo sono giunto alla conclusione che i libri non servono a nulla ai fini del trattamento. Scrivo dunque senza scopo, semplicemente per mio piacere, per ammazzare la noia in coloro che gradiscono il mio modo di scrivere e per accattivarmeli un po' con qualche frecciatina scherzosa. La mole posso aumentarla oppure ridurla

in qualunque momento. Forse me lo dirà Lei quando ce n'è abbastanza.
Non riesco neppure a rileggere ciò che ho appena finito di scriverLe. Fa un caldo pazzesco e, pur seminudo, sono grondante di saggezza e di sudore. Sarei più contento se Lei fosse qui. Non mi entra in testa che debba rinunciare alla gioia di aver di fronte il Suo viso e di udire la Sua voce.

Mi raccomando alla Sua indulgenza e sono, come sempre, il Suo riconoscente,

Groddeck

Seefeld nel Tirolo, 27 agosto 1921

Caro Dottore,

ho ricevuto e letto la terza mandata delle Sue lettere a un'amica. Affascinanti come le precedenti, forse meno capricciose. Non foss'altro che per la sua aggressività, quest'opera, che sottolinea gli aspetti veramente nuovi della psicoanalisi, deve diffondersi fra la gente, attenuarne i pregiudizi e la ristrettezza mentale, e stimolarla a violente scariche d'improperi.

Cordialmente, il Suo

Freud

Hildesheim, 23 settembre 1921

Spero che sia stato soddisfatto del sostituto

Freud

Lo è stato davvero? Ferenczi
I migliori saluti. Dott. Rank
Anche da

Abraham	Ernest Jones
Hanns Sachs	Eitingon

Baden-Baden, 4 dicembre 1921

Illustre Professore,

le lettere all'amica sono ora ultimate. Le potrei far proseguire ancora un po', ma per la prima stesura mi sembra ce ne sia abbastanza. Le sto rielaborando, cercherò di togliere tutto ciò che ci può essere di cattiveria e di renderle più leggibili che posso. Alcune mi piacciono ancora, ma nel complesso mi sono venute troppo ironiche. Le conferenze da cui sono derivate erano piene di entusiasmo, e ora sembra che l'entusiasmo si sia un po' nascosto sotto la maschera che ride.
Nel frattempo è stato qui Ferenczi. La sua visita mi ha procurato una grande gioia e spero che anche a lui abbia fatto piacere stare con me e con i miei. Ha promesso di ritornare, e penso che lo farà. A parte il piacere che noi ne trarremo, penso che ne abbia anche bisogno. Abbiamo ricevuto molto l'uno dall'altro.
Finora dunque sono soddisfatto del sostituto. Ma si tratta pur sempre di una sostituzione, che non mi esime dal prometterLe che continuerò incessante-

mente a tormentarLa finché non verrà di persona. Baden-Baden merita di essere visitata, e né il Troll[43] né io abbiamo mancato di interrogare per quanto è possibile i due Ferenczi su quali sarebbero i bisogni e i desideri di Freud. Lei non può credere quale parte abbia nella mia vita questa fantasia tanto spesso accarezzata.
Verso la fine del mese Le manderò il manoscritto delle lettere pronto per la stampa. A quel punto si potrà cominciare a stamparlo in qualunque momento. In gennaio e febbraio tornerò a ritirarmi nella solitudine e là comincerò la seconda parte dello *Scrutatore d'anime*, che mi terrà certo occupato per il prossimo anno. La recensione di Ferenczi mi ha riempito di gioia. L'ha portata con sé quando è venuto a Baden. Anche la signora Ferenczi è stata qui con lui. Le due signore hanno fatto amicizia, e qui continuiamo a parlare spesso di quei giorni.
La mia attività professionale è sempre piena di sorprese e spero che i suoi progressi saranno tanto maggiori quanto più ardito io sarò nell'affrontarla. Per ora non sento ancora i pericoli del filosofeggiare e dell'occultismo. Ho una certa tendenza a filosofeggiare, ma l'occultismo per me è tabù.
Sto curando una signora che ha l'artrite deformante a entrambe le articolazioni dei ginocchi e una lussazione cronica della rotula. Spero di aver successo. Finora il principale risultato è che, recandomi dalla paziente, sono caduto dalla bicicletta e mi sono fatto male al ginocchio destro. Ciò mi ha riportato all'autoanalisi, e il successo è splendido.
Ferenczi mi ha scritto che forse Baden-Baden verrà presa in considerazione per il congresso del 1923. Se così fosse, ne morirei quasi di gioia, e inoltre non credo che si possa trovare un posto più bello e più confortevole.
Accetti una volta tanto, illustre Professore, le mie

profferte di amore e mantenga il Suo benevolo interesse per me.

Sono sempre il Suo riconoscente discepolo

Groddeck

Vienna, 29 dicembre 1921

Caro Dottore,

la conseguenza del ritardo, dovuto alla meschina ἀνάγχη quotidiana, con cui rispondo alla Sua ultima lettera, è che ora posso mandare in una sola volta a Lei tutti gli auguri di cose belle, buone e desiderabili per il prossimo 1922 e al tempo stesso posso augurare a me di ricuperare almeno l'onnipotenza dei pensieri, affinché i miei auguri abbiano una qualche efficacia.

Le sono assai riconoscente per avermi rinnovato l'invito a venire a Baden-Baden. Fa pur sempre bene sapere dell'esistenza di un asilo a cui potersi rivolgere in qualunque momento, se ci si sentisse venir meno. Per il momento però tiro ancora avanti bene e penso al detto inglese: *There is still life in the old dog.*

Senza minimamente accorgermene, negli ultimi tempi sono scivolato nella vecchiaia: non scrivo più, e leggo invece i manoscritti degli altri, non ho più in cura quasi nessun malato, e invece preparo gli analisti con l'autoanalisi (1 paziente contro 9 discepoli).

Quando giungerà il resto del Suo manoscritto, lascerò da parte tutti gli altri per non ritardare la stampa. Mi ha molto rallegrato sentire che il nostro amico pazzerello è tuttora vivo e vegeto e ci

farà giungere sue ulteriori notizie. Anche il *Don Chisciotte* ha avuto una seconda parte.
Spero che questa lettera La raggiunga ancora prima che Lei sprofondi, da solo o in due, nella vita di eremita.

Cordialmente, il Suo

Freud

Baden-Baden, Werderstr. 14,
30 dicembre 1921

Illustre Professore,

insieme a questa lettera ho spedito al Suo indirizzo il manoscritto pronto per la stampa delle lettere all'amica. Delle lettere che Lei non ha ancora avuto in mano è interessante solo la 14ª, che espone in modo abbastanza esauriente un singolare caso clinico.
Abbia la bontà di trasmettere il manoscritto a Rank. Scriverò subito anche a lui. Per il titolo propongo tre soluzioni; la seconda è quella che preferisco. Forse Lei troverà qualcosa di meglio, o forse Rank avrà di nuovo un'idea geniale come quella dello *Scrutatore d'anime*.
Mi fa enormemente piacere che il romanzo conosca la sua seconda edizione. Ciò mi rafforza nel proposito di cominciare presto la seconda parte, tanto più che la recensione di Polgar sul « Berliner Tagblatt » avrà certo qualche effetto.
Fino al primo marzo me ne starò nascosto fra le montagne, ma le do il mio indirizzo, nella temeraria speranza che voglia scrivere una parola al Suo adoratore lontano.

Di ciò che succede fra gli psicoanalisti mi giungono poche notizie. Sono troppo lontano da Berlino. Ogni tanto mi arriva qualche informazione da Ferenczi, per il resto mi alimento con le riviste e con le mie personali esperienze.
La mia Troll[44] mi dice che spera di ricevere da Lei l'incarico di tradurre in svedese le Sue opere.
Io capisco abbastanza lo svedese per poter collaborare dove sia necessario. Dopo sei anni di lavoro analitico in comune ci rallegriamo entrambi di poter fare qualcosa insieme anche in campo letterario.
Nella professione ho ottenuto quest'anno ogni sorta di buoni risultati, anche per la mia evoluzione personale. Se le cose andranno avanti così ancora per un paio di anni, avrà delle soddisfazioni dal Suo troppo fantasioso ma fedelissimo discepolo.
Qui fa caldo e c'è allegria nell'aria, quasi come fosse già primavera. Siamo immersi nei preparativi per la partenza, imballiamo conserve, coperte, stoviglie e il necessario per fumare, cosa di cui non posso facilmente privarmi. Gli stivali sono già chiodati, e la mia pancia, che è divenuta un po' esorbitante, non vede l'ora di perder grasso. Verranno con noi il gatto Habakuk e il canarino Fick. Troll-Voigt[45] ha messo in valigia il libro delle ricette e mi fa venire l'acquolina decantandomi la cucina svedese.
Perché Le scrivo tutto questo? Per invogliarLa a venir qui, e anche, se non lo farà tanto presto, per potermi immaginare che Lei partecipa alla mia vita per lo meno col pensiero.
E ora, per concludere, i migliori auguri per l'anno nuovo. Tante belle cose a Lei e ai Suoi.

Cordialmente, il Suo devoto discepolo

Groddeck

Il mio indirizzo è: Murberg bei
Sasbachwalden, presso H. Zink.

Murberg b. Sasbachwalden, 1º febbraio 1922

Illustre Professore,

come l'anno scorso, anche questa volta approfitto delle vacanze per leggere Freud. Cioè, nelle prime settimane ho leggiucchiato storie di indiani e Marlitt, ero di cattivo umore e ho fatto delle gran dormite. Ora, dopo un paio di marce forzate sulla neve delle montagne, sono di nuovo arzillo, e mi convinco che, come fanno anche altri, io tiro fuori interi libri prendendo lo spunto da singole frasi dei Suoi scritti. Non so se questa sia la giusta via per giungere a scrivere il seguito del libro sul pazzerello, comunque correggere la mia presunzione è utile in altra direzione.
Prendo il Suo silenzio sulle lettere all'amica come segno che Lei ha ogni sorta di obiezioni, anzi che non è d'accordo su alcuni punti importanti. Per quanto mi possa dispiacere, la cosa non sarebbe tuttavia irreparabile. La forma epistolare consente tutte le possibili modifiche, e questo è il motivo principale per cui ho scelto tale insolito genere letterario. Conto sulle critiche, e me ne servirò in una edizione successiva, che mi sembra probabile, così come ho fatto con una delle Sue obiezioni. Personalmente non me ne importa nulla se nel mio lavoro ci sono degli errori, mi dispiacerebbe solo se Lei se ne irritasse. In tal caso cercherò di correggerli.
Ora Le racconto un fatto che mi ha colpito: avevo ripreso in mano l'analisi di Dora,[46] e recentemente, in una delle mie passeggiate, sono andato a cadere a testa in giù su un masso; di questo fatto poi, nella notte, è venuta fuori una specie di spiegazione. Nei pezzi di analisi contenuti nelle lettere all'amica, si trova il nome *Raabe*.[47] Un mio compagno di scuola con questo nome si era rotto una gamba in un luogo roccioso simile a quello della mia caduta, e io pensavo a lui nel momento in cui sono caduto.

Era un posto talmente solitario e desolato che probabilmente sarei finito preda di corvi e volpi (Fuchs [volpe] si chiama il proprietario del cagnolino che mi accompagna nelle vacanze). La parola corvo mi era presente anche per il fatto che pochi giorni prima era venuta a trovarmi una persona nella cui analisi il corvo (« Che razza di mendicante è questo? Ha un giubbetto nero come il carbone ») aveva avuto una parte importante. Anche nelle lettere, da Dora sono giunto al corvo. Qui però c'è una nuova connessione. Il mio compagno Raabe aveva a che fare col rilegatore di libri del mio professore di matematica, la cui figlia si chiamava Dora. Ella era soprannominata 'Dragone', e ciò mi riporta di nuovo a Drago, un nome che ha importanza nella leggenda di Genoveffa. Proprio questa leggenda negli ultimi tempi mi è frullata molto per la testa, evidentemente anche in connessione con una qualche analisi. Mi è anche tornata in mente a causa di un regalo di Natale: le leggende popolari di Schwab. Il nome Schwab, come ho scritto appunto nelle lettere, è importante per me.
Come vede, i miei pensieri sono molto presi dall'autoanalisi e dalle lettere. Thomas invece lo sento ancora assai distante.
Ho un fatterello da raccontare sulle teorie sessuali degli adolescenti. Sono stato consultato da un giovane che soffriva di impotenza. Risultò che a dieci anni gli era venuta l'idea che, nel concepimento, il testicolo, l'uovo, venisse spinto fuori attraverso l'uretra, operazione questa che egli immaginava assai dolorosa. E tale idea, sopravvissuta in lui a livello semiconscio, rimasta inalterata nelle tenebre della sua anima nonostante le informazioni più corrette ricevute in seguito, sembra aver costituito il motivo principale dell'impotenza. O per lo meno quest'uomo, già il giorno successivo a quello in cui gli era stato rivelato il segreto, è andato con la sua ragazza, e da allora tutto funziona bene.

Gradisca i migliori saluti e auguri dal Suo devoto e riconoscente,

Groddeck

Murberg (Sasbachwalden), 12 febbraio 1922

Illustre Professore,

il Dr. Rank oggi mi ha scritto che le lettere all'amica sono in composizione. In base a certe considerazioni e a certe parole delle Sue lettere io gli avevo espresso la supposizione che il libro non avesse incontrato il pieno gradimento della casa editrice. Rank conferma quanto mi aspettavo, mi propone di operare abbondanti tagli, ed è disposto anche a consigliarmi in quali punti. Ho accolto la sua proposta con gratitudine e spero solo che in questo modo ne risulti qualcosa di utilizzabile.
Fin qui tutto bene, ma ho colto l'occasione per chiedere a Rank qual è la posizione della casa editrice nei riguardi dei miei lavori, e vorrei porre questa domanda anche a Lei personalmente. Io, che ritengo di essere qualcosa di abbastanza strano – una persona eminentemente soggettiva in mezzo a coloro che credono nell'obiettività, per giunta affetta dalla cronica consapevolezza di non sapere – io ho trovato tuttavia il coraggio di presentarmi in pubblico soltanto perché i miei lavori incontravano il Suo personale consenso. Ora, non sono convinto che questo consenso si estenda anche alle lettere all'amica, e perciò La prego di dirmi se sono diventato scomodo. Non mi sembra probabile che io possa arrestarmi sulla via che ormai ho intrapreso, o che me ne possa discostare. Nelle lettere, per quan-

to bizzarre esse siano, si può tuttavia chiaramente riconoscere la direzione in cui mi muovo. Se questa direzione, che porta sempre più profondamente nelle tenebre, è compatibile col lavoro dei Suoi discepoli, ne sono lieto. Non conosco nessuno se non Lei a cui io possa porre questa domanda per me importante: se cioè i capi del movimento psicoanalitico accettano o per lo meno tollerano quel che ho scritto o che scriverò in futuro lungo una simile direzione. Sia tanto buono da rispondermi.

Con molti cari auguri sono, come sempre, il Suo riconoscente discepolo,

Groddeck

Vienna, 12 febbraio 1922

Caro Dottore,

è ovvio che Lei attribuisca il mio ritardo nel rispondere alla Sua penultima lettera (che però si era incrociata con una mia) a un atteggiamento critico e d'insoddisfazione nei Suoi riguardi, e tuttavia ciò è ben lontano dalla verità. Non Le ho scritto perché ero tutto preso dalla corrispondenza scientifica e di lavoro, perché avevo in casa ospiti come Ferenczi e Abraham, perché sono stato affetto per settimane da una subdola influenza senza febbre, e in queste condizioni è proprio la corrispondenza personale a venir rimandata. Le critiche e le proposte di mutamenti che Le sono giunte o Le giungeranno da Vienna non provengono da me bensì da Rank, che d'altronde è buon giudice e Le vuole molto bene. Non che io non abbia alcuna critica

da muoverLe, ma per me sarebbe anche andato bene di presentarLa a un rispettabile pubblico idiota con tutte le Sue impertinenze e scabrosità, esigendo che Lei venga preso così com'è. Forse, però, è meglio che si lasci influenzare da Rank.
Le mie divergenze critiche verso di Lei sono apparse fin dall'inizio della nostra corrispondenza. E cioè che non condivido il Suo panpsichismo, che si spinge fino al misticismo, mentre io rimango fedele al mio vecchio agnosticismo; che secondo me Lei ha preso troppo precocemente a disprezzare la ragione e la scienza, e farebbe troppo onore ai vari burocrati dell'università identificandoli appunto con la ragione e la scienza. Che Lei mi sembra aver troppo fedelmente conservato le tracce di precedenti fissazioni, ecc. Ma tutto ciò l'ho riconosciuto come Suo buon diritto personale, e non mi ha guastato il godimento dei Suoi scritti né influenzato nella valutazione delle Sue originali scoperte e concezioni.
Molti auguri per la Sua attuale solitudine, da solo o in due.

La saluta cordialmente,
il Suo Freud

Vienna, 16 febbraio 1922

Caro Dottore,

le lettere si sono di nuovo incrociate! Mi dispiace se per un momento ha dubitato di noi. *Fishing for compliments* non sarebbe cosa da Lei. La prego, non sia infelice! Sono solo gli altri che amano staccarsi da me; io invece, se comincio con qualcuno, è per lungo tempo. Ho molto goduto le lettere a un'amica, e forse si potrebbe dire, variando le parole del poeta:

Di tutti gli spiriti che affermano,
Quegli che mi dà minor noia è il beffardo.[48]

Cordialmente,

il Suo Freud

Murberg (Sasbachwalden), 19 febbraio 1922

Illustre Professore,

la Sua lettera mi avrebbe ancor più rallegrato se non mi avesse dato la notizia della Sua subdola influenza. Ma di lontano non si può far altro che nutrire affettuosi pensieri. La cosa mi sarà doppiamente facile perché da qualche giorno ho in mano la bella edizione delle Sue conferenze sulla psicoanalisi.[49] La casa editrice ha veramente superato se stessa, e mi ha fatto molto piacere che Lei me ne abbia mandato una copia. Accolga la mia gratitudine e guarisca presto.
Fra pochi giorni le mie ferie saranno finite. Lavorato non ho, ma in compenso ho immagazzinato ogni sorta di impressioni sulla foresta e sugli animali d'inverno e nella neve.

Tanti buoni auguri dal Suo fedele discepolo

Groddeck

Baden-Baden, 9 maggio 1922

Illustre Professore,

negli ultimi giorni ho avuto una piccola esperienza di cui La voglio informare. Ho in trattamento un giovane che, spinto dai propri complessi, cerca di elaborare un'analisi di Aristotele. Ciò ci procura ogni giorno graziose sorprese, anche se il fatto di dover affrontare la lingua morta ci causa ogni sorta di difficoltà. Quando Aristotele si imbatte in argomenti che toccano i propri complessi di impotenza e di castrazione, comincia a divagare, e ricorre continuamente all'espressione τόδε τι. I traduttori affermano che essa coincide con la famosa 'cosa in sé' di Kant, e così traducono. Noi pensiamo ora, d'accordo, che anche Kant abbia inventato la 'cosa in sé', che appunto secondo lui è inconoscibile, a causa del complesso di castrazione, in cui confluiscono l'angoscia di masturbazione e complessi ermafroditici. La cosa in sé sarebbe dunque 'la cosa in Kant', un po' come le parole di Lutero «il cuore dell'uomo è cosa ostinata e spaurita», ed «è cosa buona che il cuore si rinsaldi» significherebbero l'erezione e l'afflosciamento del membro, che hanno stretti rapporti col cuore. Durante una conversazione di questo genere il mio paziente mi raccontò quanto segue: aveva appena letto in un libro di Moskowski qualcosa sui gradi della precisione, e Moskowski per la sua esposizione prendeva come esempio il mare.[50] (Il paziente ha un complesso edipico irrisolto, ed è buffo che non si sia affatto accorto che attraverso l'associazione *Meer = la mère* egli parlava di sé, mentre col mio aiuto cercava di interpretare Moskowski). Dunque, secondo Moskowski, vi sono quattro gradi successivi di precisione nell'osservazione della forma del mare; in primo luogo la forma sferica, poi quella dell'elissoide rotante, poi quel-

la influenzata dalla luna e dalle stelle, infine quella del moto atomico.
Ora, dall'analisi risulta che la prima (temporalmente l'ultima) è il corpo gravido, la seconda, più in profondità (temporalmente precedente), è il bambino che ruota, la terza l'accoppiamento, la quarta la situazione prima dell'accoppiamento. (Luna: erezione e afflosciamento; atomi: spermatozoi e ovulo). Quindi c'è erezione nella terza. Inizio della gravidanza (luna) e agitarsi delle cellule seminali dopo l'accoppiamento. I quattro gradi sono l'animale a quattro gambe dell'enigma della sfinge. Sfinge deriva da σφίγγειν = avvolgere. Sfinge porta allo sfintere e alla nascita anale.
Non so se l'associazione sfinge-sfintere sia già stata trattata nella letteratura. I quattro gradi della precisione mi sembrano comunque degni di essere comunicati. Ma soprattutto mi sembra cosa buona che una volta tanto un esperto - e tale è il paziente nel campo della filosofia teoretica - si sia occupato dell'analisi dei sistemi di pensiero. Per quanto io li conosco, questi filosofi moderni soffrono tutti dei complessi di Edipo e d'impotenza, assieme a una cospicua tendenza a fuggire da tutti i simboli, in netto contrasto con i filosofi prearistotelici. Il mio paziente stesso ne è un esempio tipico: egli riconosce i simboli, ma riesce a trattenere questa conoscenza solo per un secondo e poi, dopo che per un secondo l'ha tratta fuori faticosamente dal concetto astratto, la ritrasforma subito in conoscenza astratta. È un corollario della presunta sintesi di Jung! Questa fuga dal simbolo, in cui tante volte mi sono imbattuto come in un ostacolo quasi insuperabile all'analisi, è già stata studiata in un caso specifico?

Baden si è ornata dei suoi fiori più splendidi per salutarLa insieme a me. Sono come sempre il Suo riconoscente discepolo,

Groddeck

Vienna, 1º giugno 1922

Caro Dottore,

mi perdoni se Le rispondo con una cartolina invece che con una dissertazione: ma non posso farLa aspettare più a lungo. Sono sommerso dal lavoro. La Sua lettera fa pensare. Nell'esangue astrazione non è facile riconoscere qualcosa, ancor meno che in un sistema delirante come quello del libro di Kielholz su Jakob Böhme.[51] La fuga dai simboli non è certamente stata trattata su un piano generale, ed effettivamente è un fenomeno assai cospicuo nei nostri pazienti 'cólti'. I simboli sono forse la cosa meno popolare nella scienza.

Cordialmente La saluta il Suo

Freud

Baden-Baden, 2 novembre 1922

Illustre Professore,

il latore di queste righe, il signor Karl Kotthaus, di Tegernsee, ha raccolto materiale per uno studio sulla fisiognomica comparata che mi sembra degno dell'interesse dello psicoanalista. Comunque io sono favorevolmente prevenuto nel mio giudizio perché l'idea fondamentale che l'aspetto esteriore del viso, così come il carattere e la professione, venga determinato dal plasma germinale è troppo vicina alle mie fantasie, e perché non ho avuto abbastanza tempo per occuparmi approfonditamente della cosa. Sono però convinto che Le piacerà esaminare le immagini, e La prego di ricevere il signor Kotthaus se il Suo tempo in qualche modo glielo permette.

Con tanti buoni auguri, sono il Suo devoto discepolo

Groddeck

Natale 1922

Caro Dottore,

si meraviglierà che solo oggi risponda alla Sua lettera così ricca di cose interessanti, o forse comprenderà che la data spiega ogni cosa, il ritardo e anche la riparazione.
Basta, per giungere infine alla risposta, mi sembra che, più che una lettera a cui si debba rispondere, si tratti di una lettera sulla quale si potrebbe discutere parecchie sere, ma poiché di queste sere non disponiamo...
Mi è molto dispiaciuto che anche Lei si sia voluto sottrarre alla carriera psicoanalitica. Questo chiarimento nella Sua, effettivamente infelice, conferenza,[52] e il fatto che abbia collocato la mia persona nella serie materna – in cui evidentemente non rientro – mostrano chiaramente come Lei voglia sottrarsi al transfert paterno. Nell'analisi le vittime, con gran vantaggio personale, sono costrette a venire a patti con esso e ad accettarne gli aspetti che possono risultare utili.
Lei ricorda, del resto, come già da tempo io abbia accettato da Lei l'Es? È accaduto assai prima che ci conoscessimo, in una delle prime lettere che Le ho scritto.[53] Vi avevo inserito uno schizzo che fra poco verrà pubblicato quasi identico.
Io credo che l'Es (in senso letterario, non associa-

tivo) Lei l'abbia preso da Nietzsche. Posso affermarlo anche nel mio scritto?
Per Hattingberg[54] non meritava agitarsi tanto. Egli si comporta semplicemente come chi non sa quando cede alla tendenza di crear teorie. Proprio come Jung, che creò una nuova teoria sulla prima analisi che aveva capito. Peccato che sia così difficile insegnare l'analisi, e ancor più che vi siano tante persone che non vogliono che s'insegni loro qualcosa. Così riscoprono di nuovo tutti gli errori che i più anziani fortunatamente si erano già lasciati alle spalle. Mi dispiace per Hattingberg, ma temo che con lui non ci sia nulla da fare.
Volentieri starò dietro a Rank per quel che riguarda il Suo libriccino sull'Es, ma Lei non sa come sia difficile lavorare di questi tempi. Inoltre, a causa della caduta del marco, la casa editrice si trova in una situazione critica.

A Lei e alla mia amabile traduttrice[55] i migliori auguri per l'anno che incomincia!

Cordialmente, il Suo Freud

Baden-Baden, Werderstr. 14
11 marzo 1923

Illustre Professore,

uno dei miei pazienti si è dedicato da alcuni anni a un esame psicoanalitico di Aristotele nel testo originale. Per ora il risultato di questo faticoso scavo è il saggio qui accluso, che egli mi prega di mandarLe, « perché cortesemente ne prenda visione ». Forse Lei troverà un'ora di tempo per farlo. Anche se il suo stile è diventato sempre più oscuro nel

corso delle numerose rielaborazioni, ho l'impressione che il nucleo sia ancora utilizzabile, in altre parole, che almeno per la filosofia aristotelica sia stato dimostrato che essa si radica nel complesso d'impotenza. Personalmente credo che questa radice sia comune a ogni filosofia di tipo concettuale, in totale contrapposizione con le concezioni del mondo di intonazione mitica. Un narcisismo che si sente colpevole, con l'angoscia di castrazione che si cela dietro i suoi desideri onanistici, e che si difende con le parole.
Fra pochi giorni riprenderò il mio lavoro. Da Natale in poi non ho fatto nulla, mi sono solo occupato un poco di botanica e di zoologia, ma non senza conseguenze per le mie imprese analitiche.

Con tanti buoni auguri, sono il Suo riconoscente discepolo

Groddeck

Vienna, 25 marzo 1923

Caro Dottore,

prima di tutto mi congratulo perché finalmente è uscito il Suo Es.[56] Questo libriccino mi è molto caro. Ritengo sia un'azione meritoria rimettere continuamente sotto il naso alla gente i fondamenti dell'anàlisi, da cui tanto volentieri tutti distolgono il naso. Oltre a ciò, l'opera sostiene il punto di vista teoricamente importante che io ho affrontato nel mio libro di prossima pubblicazione, *L'Io e l'Es.*
Fra il pubblico naturalmente susciterà maggiore avversione e sdegno dello squisito *Scrutatore d'ani-*

me, che poteva farsi perdonare le spiacevolezze nella sua qualità di prodotto artistico. Ma questo effetto non turberà la stima che Lei ha di sé.
La trattazione aristotelica[57] che Lei mi ha mandato mi è assai indigesta. Per la mia miserabile cultura filosofica basta una frase come: « L'in sé vive nel quid nella misura in cui quest'ultimo vive in esso », per paralizzarmi a lungo la comprensione e il giudizio. Mi rimetto a quanto Lei mi dice, che cioè in questo scritto il Suo discepolo è riuscito a dare una certa dimostrazione. Però il modo in cui egli la presenta mi sembra anche abbastanza oscuro.
Aspetto ora che Lei mi dica che cosa devo fare del saggio mandatomi in visione.

Cordiali saluti a Lei e alla mia traduttrice,

il Suo Freud

Baden-Baden, aprile 1923

Illustre Professore,

grazie di cuore per le Sue buone parole sul *Libro dell'Es*. Sono rassegnato a vederlo accolto con indignazione. E a superare il colpo non mi aiuta la stima che ho di me, bensì l'inerzia, che non mi permette di tener dietro troppo a lungo alle impressioni sia gradevoli che sgradevoli. Nel fondo, però, sono sensibile alle lodi e alle critiche.
La prego di rimandare al mio indirizzo il manoscritto su Aristotele del signor von Roeder. Ora infatti non oso più sperare che possa servire per « Imago ». Chiamandolo 'mio discepolo' Lei però mi fa troppo onore. Io non ho mai avuto discepoli, anzi sono convinto che la mia dote essenziale ri-

guardi il trattamento dei malati. Anche la mia attività letteraria, a eccezione dello *Scrutatore d'anime*, non la tengo in gran conto.

Con i migliori auguri di Buona Pasqua sono il Suo devotissimo discepolo

Groddeck

Baden-Baden, 10 maggio 1923

Illustre Professore,

lo scritto qui accluso[58] l'ho redatto per mio interesse personale. Se Lei è convinto dell'utilità di pubblicarlo, La prego di farlo uscire sulla rivista, in caso contrario per favore me lo rimandi. Personalmente ritengo sia necessario esortare un poco alla riflessione. La mia convinzione è che la gente biascichi, senza sapere che cosa dice, le formule proposte da persone che intimamente non ne sono convinte. L'opera della Sua vita rimarrà integra, tuttavia sarà ostacolata nel suo sviluppo da forze che non saranno più esterne bensì interne. Ma forse è presuntuoso da parte mia pensare di poter ridurre all'impotenza tali forze. Il tono del saggio non dipende dal contenuto in sé, bensì dal modo in cui è scritto.
Purtroppo non ho ancora ricevuto *L'Io e l'Es*. Pregusto la gioia di leggerlo. *Il libro dell'Es* sviluppa i suoi effetti nella cerchia dei miei pazienti.

La saluta con affettuosa cordialità il Suo discepolo

Groddeck

Vienna, 27 maggio 1923

Caro Dottore,

spero che ora abbia ricevuto *L'Io e l'Es*, che Le era stato mandato prima che Lei me lo sollecitasse. Il Suo breve lavoro mi ha messo in imbarazzo. Accetto volentieri il discorso sul post-piacere, ma che fare con il post-conscio? Assolutamente incomprensibile! Non potrebbe fare a meno di separare i due ritardatari? Deve esserle saltata una qualche mosca al naso. Dove si è posata adesso?

Cordialmente, il Suo Freud

Baden-Baden, 27 maggio 1923

Illustre Professore,

La ringrazio di cuore per avermi inviato *L'Io e l'Es*. Ora, come padrino di questo titolo, dovrei dire anche qualche parola. Ma l'unica cosa che mi viene in mente è un paragone, che illumina il nostro rapporto reciproco e il nostro rapporto con il mondo, ma non dice nulla sul libro. In questo paragone io mi rappresento come un aratro, mentre Lei è come il contadino, che si serve di questo, ma forse anche di un altro aratro, per i suoi scopi. Le nostre attività convergono, in quanto entrambi dissodiamo il terreno. Ma Lei vuole seminare e forse, se Dio e le condizioni del tempo lo concedono, anche raccogliere. L'aratro invece vuole soltanto dissodare, e anche eliminare le pietre che potrebbero intaccarlo. E poiché l'aratro, pur non avendo occhi, ha però certamente paura delle pietre, a volte dà un energico strattone, affinché il contadino che lo guida faccia attenzione e così l'aratro non si intacchi. Per l'aratro è una questione di vita o di morte, per il contadino in fin dei conti è una questione di denaro perché può sempre sostituire con uno nuovo l'aratro divenuto inservibile. Comunque, anche per il contadino non è piacevole che il suo attrezzo sia messo fuori uso.

Il mio scritto *Preconscio e pre-piacere* rappresenta uno strattone del genere. Non si tratta ancora di una pietra, ma denota la paura dell'aratro, che non conosce le intenzioni del contadino, ed è pieno di diffidenza di fronte al terreno accidentato di cui si trova in balìa. Il Suo sguardo spazia su tutto il campo, io invece ho solo un'oscura sensazione che si tratti di un terreno pietroso. Per esempio, Lei fa derivare il sadismo dagli impulsi distruttivi. Io qui do un energico strattone e non vorrei proseguire oltre, perché temo che il terreno possa distruggere la semente e far crescere erbacce. Posso anche sbagliarmi, ma credo di conoscere il Suo effetto sul terreno, cioè sui Suoi discepoli, meglio del contadino. Certamente per lui non è così importante che il raccolto, in questo o in quell'appezzamento, non sia buono. L'attuale generazione dei Suoi discepoli ha tanta importanza solo per noi, non per Lei.

Però subito dopo viene una vera pietra, o per lo meno qualcosa che io considero una pietra: lo psichico; il contadino sa che siamo su un terreno pietroso e l'aratro se ne accorge dalla mano prudente che lo guida. L'aratro nota anche che il contadino mira al terreno fertile dell'Es che si trova lì accanto. Ma non riesce a capire perché il contadino voglia dapprima, a tutti i costi, dissodare l'appezzamento pietroso, che all'aratro sembra così poco fertile, e solo malvolentieri lo segue sul terreno dell'Io, dove a suo parere la divisione fra psichico e fisico è troppo accentuata. E la frase: « Da quest'Io dipende la coscienza, esso domina gli accessi alla motili-

tà, allo scaricarsi dell'energia sul mondo esterno », gli procura una vera e propria *tacca*. L'aratro, che attraverso penose esperienze ha infine cominciato a comprendere di non essere un Io, tende a considerare il concetto di Io come un'illusione dell'Es. O per lo meno non può decidersi a rinunciare all'idea che ogni cellula abbia una propria coscienza, e quindi anche vie di scarica indipendenti. A lui sembra che l'Io non controlli neppure la motilità dei muscoli volontari, e tanto meno l'intestino, i reni, il cuore o il cervello. Con questo non nega certamente né l'Io né il Super-io. Per lui però sono solo strumenti operativi, non realtà esistenti. Ho l'impressione che il contadino rimanga per un qualche motivo, almeno per il momento, nel campo del cosiddetto psichico e forse metterà fuori uso tutta una serie di aratri senza ottenere un gran raccolto. In altre parole, l'aratro ha l'impressione che il contadino sia un po' testardo. Ma è anche vero che egli ragiona soltanto con la testa di un aratro.
Ora però sto facendo delle chiacchiere e devo dire: « Non se l'abbia a male ». Per me è stata un raggio di luce la spiegazione della colpa inconscia, derivante dal complesso di Edipo, e dell'identificazione. Al problema del padre io faccio particolare attenzione a causa dei miei complessi personali, ma per il momento non posso impedirmi di lavorare più volentieri sul problema della madre che non su quello del padre. Forse la cosa migliorerà quando la mia omosessualità diverrà più libera. Però l'indagine sulla castrazione non può trascurare l'atto della nascita e l'allattamento e lo svezzamento, e io credo, per ora, che questa angoscia sussista nei riguardi della madre non meno che del padre, e che abbia anche una terza radice nelle evacuazioni. Il distacco dello spermatozoo e dell'ovulo e, questo ha un poco a che fare con il Suo impulso distruttivo, la espulsione di materiale, che l'Es della cellula non vuole utilizzare.

Per concludere (potrei ancora chiacchierare a lungo ma l'essenziale lo dice il paragone, io, proprio per natura, sono un semplice attrezzo privo di ragione), per concludere, una risatina furtiva sull'energia spostabile, la libido, che lavora al servizio del principio del piacere per superare gli ingorghi e facilitare le scariche, libido a cui, in una certa misura, è indifferente per quale via avvenga la scarica. E possiamo smettere di chiederci eternamente, senza trovar mai risposta, a chi tale energia appartenga, poiché in realtà noi possediamo lo strumento di questa energia spostabile e al massimo qualche volta lo prestiamo ad altri esseri che rendono lo strumento spostabile.

Cordialmente, il Suo ansioso

Groddeck

Baden-Baden, 31 maggio 1923

Illustre Professore,

non mi meraviglio che Lei non riesca a capirci nulla del post-conscio. Solo adesso ho compreso che cosa intende Lei per preconscio. Finora immaginavo che il preconscio stesse subito davanti alla coscienza (topograficamente) e quindi, con un po' di fantasia, mi sono inventato qualcosa che sta subito dietro il conscio (topograficamente) e, inoltre, dopo il conscio (temporalmente). Lasci perdere; ciò ha valore solo come segno di malevolenza e lo stesso si dica per il post-piacere, e scompaia quindi tutto nell'oblio e nel perdono.

Con questo sono alla mosca che mi è saltata al naso; però è un poderoso moscone. Dal canto mio il rancore è incominciato quando Lei mi ha paragonato a Stekel. Ciò risale ormai a un anno e mezzo fa. A prescindere dal fatto che già allora sapevo cosa pensa Lei di Stekel, mi pesava di essermi appropriato di varie cose del libro di Stekel sul sogno senza averle veramente assimilate. I furti non mi pesano, se ciò che rubo è conforme alla mia natura. Ma a volte io rubo anche cose che non mi si addicono e ne derivano brutte conseguenze. Il mio rancore è stato poi inasprito dalla corrispondenza con Rank sul *Libro dell'Es* e da alcune Sue parole al riguardo. E infine c'è stato il congresso di Berlino. In seguito a tutto ciò mi sono gravemente ammalato e tutto quel periodo è per me un gran brutto ricordo. Specialmente la festa di addio e il pranzo da Eitingon. Il comportamento di Hattingberg mi ha provocato uno scoppio di collera, il che ora mi accade molto di rado. So pressappoco che cosa ha provocato tutto questo. Nel settembre 1921 per la prima volta Ferenczi è venuto a farsi curare da me e so di aver gongolato pensando: « Che tipi stupidi sono gli analisti ». Gli ho anche detto molte volte: « Voi fate così e così, invece io... ». E non escludevo Freud. C'entrava anche il trattamento di Veneziani, su cui allora mi facevo molte illusioni, che in seguito si sono dimostrate infondate. In breve, i sentimenti malevoli c'erano, e avevo cominciato a provarli in settembre, cioè intorno all'anniversario della morte di mio padre. L'anno successivo Ferenczi è stato di nuovo da me, io l'ho di nuovo curato e sono stato da lui analizzato sei o sette volte. Mi ha parlato con molta insistenza del mio complesso paterno. Io sono stato ad ascoltarlo, con la conseguenza che alcune settimane dopo, di fronte a sua cognata e alla sua figliastra, sono uscito nell'espressione « Gli altri paralitici », invece che « analisti »,[59] che mi fa ridere ancora oggi pensando all'inconscia autoderisione che conteneva. Anche questo avveniva all'epoca dell'anniversario della morte di mio padre.[60] Oggi pomeriggio, poi, è successa una cosa singolare. Da alcuni giorni sono raffreddato; approfittando del giorno festivo mi sono messo a letto, e nel dormiveglia mi è apparso il viso di mio padre assai adirato e con gli occhi fiammeggianti. A poco a poco il suo viso si è trasformato nel viso che aveva sul letto di morte. Non sono sicuro se proprio oggi sia l'anniversario del matrimonio dei miei genitori,[61] ma il solo fatto che io ci abbia pensato è già abbastanza significativo. Ora, certamente Lei non assomiglia per nulla a mio padre, però Lei, e anche Sua figlia Anna, che non volli riconoscere, hanno gli occhi di mia madre. E il Suo nome ha perso la finale, dovrebbe avere anche una *e*.[62] È chiaro il desiderio di morte e di castrazione. Per il momento non posso dire nulla di più. Al massimo esprimere la preghiera, che però è superflua, che Lei leggendone questi sfoghi (!)[63] conceda le attenuanti alla mia povera anima.

Cordialmente il Suo

Groddeck

Vienna, 21 giugno 1923

Caro Dottore,

La ringrazio per le Sue lettere che hanno di nuovo tutto appianato. Non si meravigli per la mia risposta breve e tardiva. Anch'io sono stato malato e ho avuto un'operazione alla bocca, e ora in sole tre settimane ho perso un caro nipotino di tubercolosi miliare. Ciò addolora e induce al silenzio.

Cordialmente, il Suo

Freud

Baden-Baden, 8 novembre 1923

Illustre Professore,

da tanto tempo non Le do mie notizie. Ma molto spesso ho pensato a Lei. In fondo, non cesso mai di pensare a Freud.
Nonostante tutte le strane cose che succedono in Germania, continuiamo la nostra solita vita. Il lavoro segue il suo corso, a volte con successo, a volte senza. Due volte durante l'estate ho avuto occasione di osservare nella mia clinica la gravidanza, il parto e la prima settimana di vita del neonato. Ciò mi ha confermato nell'idea che, in campo ostetrico, con la psicoanalisi si possano ottenere risultati particolarmente favorevoli. I disturbi della gravidanza (si trattava in entrambi i casi di primipare, di cui una di 33 anni) sono scomparsi assai presto, i parti sono stati rapidi e facili, anzi la puerpera più anziana, mentre la testa del bambino usciva dalla vagina, proruppe nel grido: « Ah come è bello, come è bello! ». Mi ha particolarmente colpito il decorso del puerperio: ho potuto perseguire fino alle sue radici, ed eliminare, la comune avversione delle donne ad allattare il proprio bambino, e in una delle due, a cui il latte improvvisamente era venuto a mancare per 24 ore, la secrezione lattea riprese dopo che emerse un vecchio e accuratamente taciuto sentimento d'ostilità contro la madre. E soprattutto mi si è chiarito che tutta una serie di disturbi del neonato sono provocati consciamente o inconsciamente dalla madre, e scompaiono dopo l'analisi. Tutto è stato così istruttivo che mi è nato il desiderio di acquisire maggiori capacità tecniche in ostetricia. Perciò vorrei senz'altro annettere alla mia clinica un reparto maternità. Sia nello studio della psiche della madre e del bambino, sia nella pratica ostetrica c'è ancora molto da imparare.

Anche per il resto ho visto ogni sorta di cose che sono nella linea dei miei interessi. Purtroppo, quanto più si va avanti, tanto più si riduce l'illusoria fiducia nelle nostre scoperte, e diventa sempre più difficile non perder la direzione nelle infinite vie del labirinto dell'inconscio. Non c'è quasi nulla su cui si possa scrivere. Mi accontento sempre più di osservare attentamente, senza cedere all'ambizione di comprendere. A metà dicembre probabilmente chiuderò la clinica. Emmy ed io, che per inciso abbiamo finalmente regolarizzato in municipio la nostra unione,[64] andremo in Olanda, Danimarca e Svezia, dove devo fare delle conferenze. Comunque la cosa non è ancora definitivamente decisa.
Di tanto in tanto sento parlare della Sua salute, e mi è giunta notizia anche delle operazioni. I miei pensieri e i miei buoni auguri corrono a Lei, che tanto amo.

Cordialmente,
il Suo Groddeck

Vienna, 25 novembre 1923

Caro Dottore,

prima di tutto i miei più cordiali auguri, in fondo io sono per la regolarità. Ora naturalmente sono interessato anche a sapere se Lei lascerà a Sua moglie la piena libertà di continuare a tradurmi.
Le cose scientifiche che Lei scrive sono come sempre interessanti, nuove e promettenti. Ma preferisco trattenermi da ogni tentativo di influenzarLa, cosa che invero Lei non sempre sopporta bene.
Di me devo dire che sono malato. Sembra che Lei

sia già al corrente dei particolari. Naturalmente so che questo è il principio della fine. Non si può certo sapere a priori se la cosa continuerà d'un solo tratto o se ci saranno delle pause. Ma una fine comunque ci dev'essere, e certo non mancheranno i continuatori. Uno di questi sarà Lei.

Un cordiale saluto a tutti e due dal

Suo Freud

Baden-Baden, Werderstr. 14,
5 dicembre 1923

Illustre Professore,

la Sua lettera ha confermato le voci che mi erano giunte. Sono triste, non riesco a dire di più.
Lei mi chiede della traduzione svedese. La forma dattiloscritta in cui questa lettera si presenta mostra quanto essa sia avanzata. Sto ribattendola. Se non mi illudo, questo primo tentativo è ben riuscito. Alla fine dell'anno ci recheremo in Svezia e là parleremo personalmente con l'editore. Come seconda traduzione verrà l'*Introduzione alla psicoanalisi*. La terza sarà, se Lei è d'accordo, l'*Interpretazione dei sogni*.
Mi è stato proposto di tenere conferenze a Haarlem e a Stoccolma, e forse anche a Copenhagen. Copiando il testo svedese rinfresco la mia conoscenza della lingua.
La clinica sarà chiusa fino alla metà di marzo, e quindi avrei tempo per lavorare. Ma per il momento me ne manca la voglia. La seconda parte dello *Scrutatore d'anime* non è ancora abbastanza affiorata alla superficie perché io possa passare alla

stesura. Deve venirne fuori qualcosa di buono. Il *Libro dell'Es* lo avevo già abbandonato prima di scriverlo.
Ma ora devo tornare di nuovo alla Sua malattia. Sono diventato talmente folle delle mie idee, .che per me non esistono malattie incurabili. Gli insuccessi dipendono dal medico, non dal tipo di malattia. Ma bisogna che il medico voglia veramente, e così pure il malato. Poiché nel Suo caso medico e paziente sono la stessa persona, basta solo convincere uno dei due a volere. Non sta bene che l'uovo si creda più intelligente della gallina. Ma io L'amo e non posso fare a meno di Lei.
Questa è la prima lettera che scrivo a macchina.[65] Forse gli errori Le mostreranno che cosa è incorso nella rimozione. Sono sempre il Suo riconoscente discepolo

Groddeck

Vienna, 18 dicembre 1923

Cara Dottoressa,[66]

mi ha molto divertito la storia della Sua inibizione nel lavoro con il relativo felice superamento. Naturalmente io ho un'opinione molto più benevola sull'ambiente che Lei ha incontrato a Berlino nel 1922, e chiudo un occhio su tutte quelle debolezze umane.
In linea di principio, non respingo il Suo ripetuto e affettuoso invito a venirvi a trovare a Baden-Baden con mia figlia. Per il momento, comunque, torni pure in Svezia, io non sono in grado di viaggiare; quando, in primavera, mi sarò rimesso, dovrò la-

vorare, e che cosa accadrà in estate nessuno lo può prevedere. Non si può giurare su nulla. Del resto non è in programma, prima, un incontro per Pasqua a Salisburgo?
Se a Stoccolma si informerà sulle mie probabilità di ricevere il premio Nobel, verrà a sapere che sono stato proposto da molti anni e ogni volta decisamente bocciato. Forse la candidatura, che naturalmente non proviene da me, è già caduta anche questa volta.

Con saluti cordiali a tutti e due e i migliori auguri per il vostro prossimo viaggio,

Vostro Freud

Baden-Baden, Werderstr. 14,
4 gennaio 1924

Illustre Professore,

posso rispondere alla Sua cara lettera a mia moglie con la notizia che la traduzione della *Psicopatologia della vita quotidiana* è pronta per la stampa. Porteremo con noi il manoscritto nel nostro viaggio in Svezia, mia moglie lo farà rivedere ancora una volta da un esperto svedese, poi lo consegnerà alla casa editrice. Subito dopo si metterà a tradurre l'*Introduzione alla psicoanalisi*, e a questo scopo prega l'editore di mandarle una copia dell'ultima edizione. Per quanto io ne possa giudicare, la traduzione è buona, cioè segue alla lettera l'originale.
Partiamo per la Svezia, per visitarvi i nostri parenti; intanto farò delle conferenze a Stoccolma e a Göteborg. Mi sono anche impegnato oggi a tenere una conferenza al congresso, « Sul futuro svilup-

po della psicoanalisi », per la quale, questa volta, mi voglio preparare, perché deve trattare problemi fondamentali: se mi lasciassi andare all'ispirazione del momento, non ne verrebbe fuori ciò che dev'essere.

Il signor von Roeder, il cui saggio su Aristotele è uscito sull'ultimo numero di « Imago », desidererebbe partecipare al congresso. Mi sono rivolto a Berlino per chiedere una tessera, ma volevo che anche Lei ne fosse informato.

Mia moglie verrà con me a Salisburgo. Forse lì riceverà un'impressione diversa che a Berlino. Effettivamente anche per me Berlino da molti anni è divenuta abbastanza insopportabile.

Durante la traduzione mia moglie ha fatto una scoperta che forse può aver valore anche per Lei, se non ci ha già pensato. Le cose che dice una persona del tutto imparziale hanno sempre un certo valore. Si tratta del numero 2467.[67] Poiché Lei ha menzionato come esempio questo numero, mia moglie ne conclude che tutto ciò che ha a che fare con esso ha un particolare significato per il Suo Ubw. Per quanto ne sa, proprio quest'anno Lei ha compiuto 67 anni, esattamente l'età in cui il generale era stato collocato a riposo. Mia moglie pensa, e io sono d'accordo con lei, che qui si può trovare un accesso agli strati profondi del Suo Ubw, varcato il quale si potrà forse giungere agli strati risanatori del Suo essere. Le mandiamo i migliori saluti, e speriamo di vederLa a Salisburgo e, infine, anche a Baden.

Sono sempre il Suo devoto discepolo

Groddeck

Ho riguardato velocemente il passo sul numero 2467, e mi sembra opportuno ritornarci, se non altro perché io, invece di scrivere 2467, ho scritto 4267. La spiegazione del mio errore è interessante, ma la sorvolo per trattare il Suo esempio sui numeri. Poco prima c'è la faccenda dello scambio di nome e della bambinaia. Sua sorella, Rosa, Dora (ha certo un significato particolare), *la povera gente, che non può neppure tenersi il proprio nome* (matrimonio? nomi imposti dallo Stato), Erna, Lucerna (Luzern?).[68] Deve comunque avere un senso il fatto che Lei ha appena pubblicato il frammento sull'isteria. Subito dopo questa storia viene Adler. Forse la parola Adler ha più significato per Lei della persona Adler. Io credo che in una malattia così ostinata sia opportuna la sfiducia verso le associazioni iniziali, poiché, pur giuste in se stesse, esse vengono tuttavia usate dall'Es con astuta intenzione. Nella frase immediatamente precedente Lei parla di casi di natura assai intima, che non possono essere comunicati, e prosegue con un « Proprio per questo ». Il « Proprio per questo » non ha alcun fondamento cosciente, e la cosa colpisce, poiché Lei è, in generale, tanto preciso nella costruzione della frase. Inoltre compare poco dopo la parola « discrezione », collegata con « dobbiamo deplorare ». Il termine e il concetto di « discrezione » nei Suoi scritti hanno una parte troppo importante per poterli identificare senz'altro con la discrezione del medico o della persona per bene. Qui parla in qualche modo l'Io ideale, e l'Es se la ride dietro le quinte. Inoltre mi ha colpito il fatto che nell'esempio di Adler c'è il numero 17, proprio lo stesso che compare nel Suo esempio di spostamento dal 19 al 17. Che poi mi abbia colpito la sigla UB,[69] dipende certo da problemi miei, ma Le devo dire che, già prima che mia moglie tirasse fuori il 67, mi era venuta in mente l'abbreviazione UBW, con i sentimenti, a me ben noti e spesso da me esaminati, di avversione per la sigla Ubw. L'episodio successivo riguarda i numeri 17 e 19, e, quando Lei prende nuovamente la parola, viene fuori proprio 426718, cioè quasi 2467,

« L'ultimo di una lunga serie di bambini e un padre troppo presto perduto ».
Ma veniamo alla storia stessa. L'amico, la lettera, *correzione delle bozze*, « Interpretazione dei sogni », « non voler più cambiare nulla », *errori*. La frase: « La migliore cosa sarà ora che io citi » (perché la miglior cosa?) « ...quando mi ero colto in flagrante ». Quest'ultima frase ha certamente un significato profondo. Accanto alla parola « Generale » Lei pone, cosa eccezionale nel libro, le iniziali E.M. Ciò ha un qualche significato? Il motivo per cui Lei si è occupato proprio della carriera di quest'uomo è così curioso che dovrebbe rivolgervi la Sua attenzione. E ora interviene Sua moglie con una domanda, e in questo passo Lei di nuovo, contrariamente alla Sua abitudine, è poco chiaro, oppure tralascia qualcosa. Perché infatti Sua moglie fa questa domanda, come se Lei stesso fosse il Generale? Il lettore, qui, non riesce a seguirLa. Qualcosa manca. Io protesto. Un punto fermo nella mia memoria: Lei si propone di andare a riposo a 67 anni. Infine viene una frase che inizia con la parola « evidentemente » e trae le conclusioni. La parola « evidentemente » è sospetta, così come le parole 'probabilmente, certamente, forse, ecc.'.
Non mi sono lasciato andare all'illusione che le mie parole... ora sto per scrivere tutta un'altra cosa da quella che volevo. Al posto della deformazione venga dunque la verità. Vorrei, con questa divagazione, che Lei si sentisse indotto a occuparsi di nuovo della Sua malattia e... a venire a Baden.

Tanti buoni auguri a Lei e ai Suoi dai due

Groddeck

Vienna, 15 gennaio 1924

Caro Dottore,

dunque l'ha notato anche Lei, e così pure Sua moglie! Mi aveva sempre irritato la possibilità di offrire una conferma alle potenze occulte. Ora la cosa sembra felicemente evitata, ho cominciato un nuovo anno di lavoro.

Cordiali auguri per il vostro viaggio!

il vostro Freud

Baden-Baden, 18 dicembre 1924

Illustre Professore,

ha ragione,[70] da molto tempo non Le ho fatto avere mie notizie. Ferenczi mi ha parlato un po' di Lei, e spero che a Lei abbia raccontato qualcosa di me. Le notizie non sono molte. Avendo sentito che Lei non sarebbe venuto a Salisburgo, ho perso l'interesse per questo congresso e ho passato agli atti, non scritta, la conferenza che volevo tenere: segno che avevo puntato su di Lei come ascoltatore; e infatti mi accorgo sempre più che amo molto Lei, ma non la strana atmosfera belluina dei congressi. In amicizia sono solo con Ferenczi, che è tanto bravo da venirmi a cercare qui. Per il resto continuo a lavorare nel mio modo tranquillo e venero Freud da lontano. C'è stata l'interruzione di un soggiorno a Berlino con mia moglie, dove ho tenuto alcune conferenze con molta soddisfazione e buon successo. Sul Conte Keyserling[71] il mio parere è assai soggettivo. Personalmente mi è molto simpatico. Della sua filosofia non so proprio nulla. Però mi è piaciuto che egli non abbia preso a male questa mia ignoranza; tanto più che mi aveva regalato una serie di suoi scritti, constatando poi che io non li avevo letti. Anche del suo saggio sulla psicoanalisi[72] posso parlare solo in modo soggettivo. Egli fa un tal parlare di me[73] da indurmi a supporre che in qualche modo la sua coscienza lo faccia sentire come un Giuda nei Suoi e nei miei riguardi. Ma ciò dimostrerebbe solo che egli ha una coscienza sensibile, cosa che del resto mi è nota dal breve periodo del suo trattamento, e che nel corso di questo trattamento, in qualche punto, io devo aver commesso un errore. Mi è piaciuto perché egli è un felice, allegro miscuglio di uomo e di bambino, in cui prevale il buon bambino, innocuo, un po' vanitoso, istintivo. A questo io attribuisco anche l'impressione sbalorditiva che egli fa sui singoli e sulle masse. Sa creare un'atmosfera soddisfatta e serena, per lo meno finché si è insieme con lui. E se egli attribuisce questo effetto alla propria saggezza, credo che in questo ceda alla sua tendenza alla vanteria. Il bello è che egli sa di questa tendenza e ci ride su. Ha una risata travolgente, quando parla di sé in modo sincero. È assai vanitoso, ma per nulla presuntuoso. Mi sembra che un sogno da noi interpretato, in cui compariva una cavolaia, sia caratteristico della sua natura: « Una cavolaia, un sapientucolo, ecco cosa sono, » disse « e cavolate, cavolate, sono le cose che dico! ».[74] Ecco pressappoco quello che posso dire sul Conte Keyserling. Dovrei solo aggiungere che Lei non l'ha visto da solo. So per esperienza personale che di fronte a Lei si è veramente sinceri soltanto quando non c'è nessuno che ascolta. Questa è una cosa che si spiega con la Sua personalità; può ben diventare il destino anche di altri analisti, dopo trent'anni di confessionale, ma in Lei viene percepita con particolare intensità, poiché Lei è il sovrano.

Non mi sembra che abbia senso sollevare una polemica contro Keyserling. La Sua opera vive per forza propria, cresce e prospera, e sopravvivera a molti Keyserling.

Mia moglie Le manda i più cordiali saluti e molti ringraziamenti per le Sue buone parole. Io sono come sempre il Suo devoto discepolo

Georg Groddeck

Vienna, 21 dicembre 1924

Caro Dottore,

mi fa proprio molto piacere che Lei abbia avuto una simpatica impressione dell'uomo Keyserling. Io quella volta non mi ci raccapezzavo. A una polemica contro di lui naturalmente non ho mai pensato. La mia osservazione al riguardo era dettata solo dalla preoccupazione che Lei potesse dedurre questo proposito dal fatto che Le chiedevo delle informazioni. Comunque le osservazioni sulla psicoanalisi del suo ultimo saggio[75] erano particolarmente sciocche.
Naturalmente, per me è spiacevole un certo Suo tratto che vorrei tanto correggere, pur sapendo che non otterrò un gran successo. Mi dispiace che Lei voglia erigere una barriera fra sé e le altre belve del serraglio congressuale. È difficile praticare la psicoanalisi isolati; si tratta di un'attività squisitamente sociale. Certo sarebbe molto più bello che ruggissimo e urlassimo tutti in un bel coro ritmato, invece che ringhiare ognuno per sé nel proprio angolino. Lei sa quanto io apprezzi la Sua simpatia verso la mia persona, ma ora dovrebbe trasferirne

un pochino anche sugli altri. Non ne deriverebbe che un bene per la causa.
Dietro l'accenno a Ferenczi indovino il rimprovero di non essere ancora venuto a trovarLa nella Sua bella città. Lo farei molto volentieri, ma cerchi di comprendere qual è la mia situazione attuale e quanto mi è difficile ora, e forse per sempre, viaggiare.

Cordiali saluti a tutti e due,

il Suo Freud

Baden-Baden, 16 marzo 1925

Illustre Professore,

sono in vena di scrivere, e ho voglia di dirLe che penso a Lei. A poco a poco si chiarirà perché proprio in questo momento io senta così intensamente il bisogno di scrivere. Questi ultimi anni non sono stati tranquilli per me, ora sembra che le cose vadano di nuovo meglio. Prima di tutto ho un imperioso bisogno di tirar le somme delle mie esperienze dopo il 1920. Non so ancora in quale forma ciò potrà avvenire. Non mi sento portato né all'ironia dello *Scrutatore d'anime* né alla singolare e composita atmosfera del *Libro dell'Es*. Sono preso dall'idea di scrivere qualcosa di autobiografico, o per lo meno leggo con ardore ogni sorta di memorie e tento vagamente di immaginare come si possa fare una cosa del genere con consapevolezza analitica. Dicono che bisogna attenersi cronologicamente al corso della propria vita. Io però ho l'impressione che si possa anche seguire la via delle associazioni.
E questo è il motivo per cui sento tanto bisogno

di Lei. In una tale biografia analitica Lei occuperebbe un posto molto importante. Mi viene in mente il *Pater peccavi*. E tutto ciò che deve entrare nel libro non incontra approvazione dentro di me finché non L'ho informata del progetto. Con questo non intendo impegnarmi formalmente a realizzarlo.

Mi saluti tutti quelli che si interessano di me e riceva i cordiali saluti del Suo riconoscente discepolo

Groddeck

Baden-Baden, 15 aprile 1925

Illustre Professore,

ho letto la Sua autobiografia[76] e ne ho avuto grande piacere. Nelle ultime frasi è racchiusa una tale forza elementare che mi sono convinto della Sua guarigione. Nel complesso Lei certamente sta risalendo la china, e chi osserva con attenzione sa che quel viandante continuerà ancora a lungo a salire con passo sicuro, pieno di energia e di capacità di accogliere e di elaborare!
Landauer mi ha raccontato che verrà a trovarLa a Vienna. Mi rallegro di potere ricevere da lui notizie più dirette. È una persona piacevole, ho fiducia in lui e nelle sue parole e lo sto ad ascoltare volentieri.
Qui ci capitano ogni sorta di cose, e anche molte che credevo di conoscere da tanto tempo acquistano forme nuove e stimolanti per la mente. Sono curioso di vedere dove mi porterà tutto ciò. Per ora osservo solo che il mio ventre s'ingrossa e ne deduco che sono di nuovo gravido. Ho proprio voglia di una biografia analitica. Mia moglie mi esorta a

un lavoro metodico sull'Es. Forse, poi, il tutto si ridurrà solo ad alcuni brevi articoli.

Cordiali saluti da noi due. Il Suo devoto discepolo

Groddeck

Personalmente sono soddisfatto che Lei abbia di nuovo espresso il Suo parere sull'idoneità dei non medici al trattamento psicoanalitico.[77]

Vienna, 26 aprile 1925

Caro Dottore,

grazie per le Sue ultime due lettere. Sono contento che Le sia piaciuta la mia autobiografia; non l'ho scritta per una sollecitazione interiore, ma solo su sollecitazione dell'editore.
Mi fa piacere sentire che Lei è in fermento e che si sta preparando una qualche eruzione. Sa che stimo l'originalità anche quando si accompagna a una certa caparbietà. Se c'è solo quest'ultima, come appare nel caso di Hattingberg, non riesco ad apprezzarla, mi sembra un cattivo surrogato della prima. Localmente, le cose non vanno troppo bene. Il mio masochismo, di oggetto delle cure altrui, si è quasi tutto consumato; sarebbe ora che mi rendessi indipendente dal medico.

Cordiali saluti a Lei e Sua moglie,

il Suo Freud

Baden-Baden, 13 giugno 1925

Illustre Professore,

non si spaventi per il contenuto; non chiede di essere letto. Ma Lei ha diritto di sapere di cosa mi occupo. Gli incontri di cui si parla nello scritto qui accluso sembrano dare buoni risultati. Vi partecipano quasi esclusivamente profani, solo ogni tanto capita qui per sbaglio anche un medico. Si chiacchiera della morte e del diavolo, e la gente impara a poco a poco ad aprirsi.
Ho visto recentemente Keyserling, che mi ha parlato di Lei, di cui ha riportato una impressione profonda. E ciò che ha detto di Lei mi ha riempito il cuore di gioia. Ho buoni motivi per pensare che egli sia innocuo nei miei riguardi.
Verrà a Homburg? Mi sono impegnato a tenere una conferenza[78] e spero che questa volta riuscirò meglio a dire ciò che ho in mente. Comunque per me tutto dipende dal momento, e moltissimo anche dal pubblico.

Le auguro ogni bene, più di quanto Lei ritenga possibile. Mia moglie Le invia i migliori saluti.

Il Suo sempre devoto discepolo

Groddeck

Vienna, 18 giugno 1925

Caro Dottore,

La ringrazio per le notizie e per lo scritto che mi ha mandato. Tutto ciò che viene da Lei mi interessa anche quando non sono d'accordo sui particola-

ri. Nel Suo Es, naturalmente, io non riconosco il mio Es civilizzato, borghese, privo di misticismo. Tuttavia, come sa, il mio deriva dal Suo.
Keyserling, questa volta, mi ha fatto un'impressione migliore. Abbiamo trascorso una serata assai interessante. Ha parlato di Lei in modo molto simpatico, mentre considera H. – e questo è pur sempre un complimento – il peggior asino che abbia mai conosciuto.
A Homburg non mi è possibile venire. Mi devo abituare a ogni sorta di rinunce. Ma naturalmente, se ciò che Lei mi augura, cioè un bene maggiore di quanto io stesso ritenga possibile, si avverasse, in quel caso verrei.

Cordiali saluti a Lei e a Sua moglie,

il Suo Freud

Budapest, Hotel Szent Gellert,
13 novembre 1925

Illustre Professore,

il 24 e il 25 io e mia moglie passeremo per Vienna nel viaggio di ritorno a Baden-Baden. Se avrà tempo e voglia di ricevere il Suo fedelissimo adoratore, gli procurerebbe una grande gioia.

Con tanti buoni auguri, il Suo discepolo

Groddeck

Vienna, 17 novembre 1925

Miei cari,

se proprio attorno al 24 del mese non mi sarò di nuovo ammalato, mi farà moltissimo piacere vedervi tutti e due qui da me.

Cordiali saluti,

il Vostro Freud

Vienna IX, Berggasse 19
23 novembre 1925

Miei cari,

come prevedevo, sono stato di nuovo malato, questa volta di una faccenda di denti non specifica, dopo un'operazione da cui non mi sono ancora del tutto rimesso, e ora mi azzardo a invitarvi da me per una chiacchierata domani, martedì 24, alle 12.

Cordialmente,

il Vostro Freud

Società Psicoanalitica di Vienna
Vienna, 11 ottobre 1926

Illustre Dottore,

la nostra Società Le invia i più cordiali auguri per il Suo sessantesimo compleanno. Anche coloro che sul piano scientifico sono Suoi avversari sentono stima e amicizia per la Sua persona. Tutti Le sono grati per le tesi originali con le quali Lei ha saputo coraggiosamente avanzare in campi ancora quasi inesplorati. E poi dobbiamo tutti dirLe grazie per il sorriso delizioso con cui, nel Suo *Scrutatore d'anime*, ha rappresentato le nostre indagini sull'anima, altrimenti tanto serie. Che il Suo straordinario 'Es' si conservi ancora a lungo per la gioia di Lei, dei Suoi amici e dei Suoi pazienti.

Per la Società Psicoanalitica di Vienna

il Direttore
Freud
Il Segretario
Dott. R.H. Jokl

13 ottobre 1926

Il mio Io e il mio Es si congratulano col Suo Es per l'opera compiuta, e sperano che alla sua insondabile volontà piaccia concedersi una vita lunga e serena.

Freud

Baden-Baden Hütte, 17 ottobre 1926

Illustre Professore,

grazie infinite per il graziosissimo telegramma. Per quel che posso giudicare sulla misteriosa natura del

mio Es, esso è ben deciso a concedersi una lunga vita serena. Comunque si rallegra, ed è orgoglioso, dell'interessamento del Suo Io ed Es.
Dopo un anno carico di eventi siamo di nuovo in vacanza, per ora nella nostra amata baita, però presto ci recheremo a Berlino, dove devo tenere ancora delle conferenze,[79] e poi probabilmente a Londra.
Sono stati qui Ferenczi e la Signora Andreas-Salomé e ci hanno parlato di Lei e della Sua salute. Sono sempre assetato di tutte le notizie che si riferiscono all'oggetto della mia ultima passione e ne faccio tesoro.
Mia moglie si unisce a me nel mandarLe i più cordiali saluti e auguri.

Sempre il Suo grato e devoto discepolo
Groddeck

Baden-Baden, 17 ottobre 1926

Alla Società Psicoanalitica di Vienna

esprimo tutta la mia gratitudine per i lusinghieri auguri inviatimi per il mio sessantesimo compleanno.
L'interesse che le mie tesi hanno incontrato da parte della Società, e in seguito da parte di tutto il movimento psicoanalitico internazionale, costituisce per me un efficace incitamento a inoltrarmi sempre più nei campi, oggi ancora quasi inesplorabili, che mi trovo di fronte, e a renderli sufficientemente accessibili a una indagine metodica che risulti utile alla scienza.
Spero, in un giorno non troppo lontano, di richia-

mare in vita *Lo scrutatore d'anime*, che io considero l'espressione delle mie migliori capacità, affinché, sotto la serietà, non vada perduto il riso.

Con sinceri ringraziamenti

Dott. Georg Groddeck

Vienna, 7 settembre 1927

Caro Dottore,

Lei mi dice che la casa editrice non ha ancora risposto a proposito della continuazione dello *Scrutatore d'anime*;[80] interverrò energicamente presso Storfer quando gli manderò i disegni. Personalmente io posso influire su una decisione solo per motivi di simpatia, ma la situazione obiettiva la conosce solo lui. I disegni mi hanno messo in un certo imbarazzo. Tenderei a giudicarli come li giudica Lei stesso. (Il foglio con il leone che urina mi sembra anatomicamente scorretto). Ma ho più volte constatato che simili illustrazioni caricaturali non provocano godimento in sé né possono aumentare il godimento del testo. Così mi è accaduto per le illustrazioni di Benikshank (penso che si scriva così) a Dickens, per quelle della grande edizione di Balzac che io possiedo, e recentemente per le incisioni dell'edizione postuma di Anatole France, che ricevo dal gruppo francese dopo il mio settantesimo compleanno. Quindi preferirei considerarmi del tutto incompetente.
Nella seconda parte dello *Scrutatore d'anime* non trovo l'ulteriore svolgimento di un filo rimasto sospeso nella prima parte, cioè il rapporto di T.W.[81]

con sua nipote. Per il resto mi rallegro di vedere nuovamente all'opera la Sua creatività, dopo che Lei era caduto nella mitologia dell'Es, nell'annullamento di ogni differenza e in una sterile monotonia. Non nascondo che P.T.,[82] anche se gli avevo preso in prestito una cosa, mi era di gran lunga meno simpatico di T.W.
Penso che al congresso si sia sentita la Sua mancanza. Il Suo ammonimento a non sopravvalutare gli interessi della classe medica avrebbe avuto un'influenza positiva. Comunque è andata a finire che la gretta proposta degli americani è stata rifiutata e si è levata per lo meno qualche voce a favore dell'analisi dei non medici. Il nuovo presidente Dott. Eitingon è soprattutto una persona prudente e conciliante, probabilmente il giusto nocchiero per il nostro mare agitato. Sono molto contento di aver qui vicino il nostro amico Ferenczi. Per ora non ho ancora potuto parlargli da solo, tanta è la ressa dei visitatori dopo il congresso.[83]

Cordiali saluti a Lei e Sua moglie,

Freud

Baden-Baden, 9 settembre 1927

Illustre Professore,

una lettera Sua mette di buon umore, e ne approfitterò per rispondere subito. Con questo però non intendo mendicare una nuova lettera, anche se non nego che mi farebbe piacere.
Sono perfettamente d'accordo con Lei che le illustrazioni non vanno bene per questi libri; ma a volte il pubblico ha desideri curiosi. Potrebbe darsi

che gradisse un'edizione illustrata. La casa editrice saprà senz'altro se val la pena di fare questo tentativo.

So che a Lei il *Libro dell'Es* non piace. Però non ho mai capito perché Lei l'ha accomunato ai libri di Stekel. Anche l'espressione « mitologia dell'Es » non mi è di aiuto, la posso prendere sia come complimento sia come critica.

Sul valore di un libro è il lettore a decidere, ed è inutile che lo difenda il suo autore; si sa comunque che egli lo considera buono, altrimenti non lo pubblicherebbe. Ma Lei non è propriamente un docente perché debba considerarsi responsabile di ciò che fanno i Suoi discepoli, e non è neppure un lettore nel senso abituale del termine; è Freud, e come tale farebbe forse meglio a giudicare con benevolenza le balordaggini dei Suoi adoratori. Se il Suo riconoscimento vivifica, il Suo biasimo uccide. Se penso alle produzioni della letteratura psicoanalitica degli ultimi anni, vi trovo la stessa monotonia che il Suo orecchio avverte nella mitologia dell'Es, solo in un'altra tonalità. Perché mi nega le circostanze attenuanti che concede invece ad altri? Nonostante il Suo parere, sono convinto che questo libro possiede alcuni pregi che non vanno sottovalutati. In primo luogo, i fatti che vi sono riferiti sono veri; e non solo per la mia credulità: ricevo sempre nuove conferme, da medici abilitati e non abilitati, della veridicità reale e ideale di quanto vi sta scritto. Inoltre, il libro non è noioso. In terzo luogo, chiama col loro vero nome una quantità di cose, il che era assolutamente necessario, e in quarto luogo si occupa di un campo in cui io ho maggior competenza di altri.

Se nessuno dei membri della Società ha osato seguire il mio incitamento (Deutsch e l'americano,[84] non ricordo più come si chiama, non contano veramente) non è perché la mia strada sia sbaglia-

ta; al di fuori della Società ci sono varie altre persone che faticosamente cercano di comprendere, sul vile corpo del malato, che cosa ha inteso dire Freud, e che non si lasciano più tener legate nel territorio delle nevrosi. Non posso fare a meno di pensare che le cause di questo singolare atteggiamento della Società vadano cercate nella paura della Sua disapprovazione. Si conosce il Suo parere sul *Libro dell'Es*, ma non si conosce, o per lo meno si finge di non conoscere, il Suo parere sull'uso della psicoanalisi nelle malattie organiche. Sono abbastanza presuntuoso da dedurre dal Suo annoso silenzio sulla mia attività che Lei la pensa pressappoco così: Groddeck ha un'idea che potrebbe servire, ma la maniera con cui egli la presenta io, Freud, non la posso approvare; deve sbrigarsela da solo e ci riuscirà. Questo è un onore per me, ma è anche un dolore, vecchio e profondo.
La prego di ricordarci entrambi ai Suoi, e Lei stesso riceva i più rispettosi saluti da me e mia moglie.

Il Suo devoto discepolo Groddeck

Vienna, 7 settembre 1929

Caro Dottore,

quando incontrerò il Dottor Runge, ben volentieri lo aiuterò per quanto mi è possibile. Ora vado di nuovo per un poco con mio padre a Berlino, ma in ottobre sarò di nuovo presso la Società, a Vienna, dove egli verrà certamente introdotto dal Dottor Federn.

Mio padre qui sta molto bene, come certamente Lei sa già dal Dott. Ferenczi.

Cordiali saluti,
la Sua Anna Freud

Baden-Baden, 1º settembre 1930

Mio illustre Maestro, e uomo profondamente amato,

poiché ho motivo di dubitare della leggibilità della mia calligrafia, mi scuserà se scrivo a macchina invece che con la penna; non sono ancora al punto di dettare, ma anche così vado abbastanza in fretta. Il Suo ritratto mi ha procurato una grande gioia e una sorpresa, come raramente me ne capitano. Non immaginavo che sapesse cosa significa la Sua persona per me.
Purtroppo ho appreso troppo tardi che Le è stato assegnato il Premio Goethe. Per quanto ne so, ogni sorta di persone si sente in dovere di fare i suoi commenti. Se mi è lecito giudicare in base alla mia esperienza, non si poteva trovare al mondo nessuno che lo meritasse più di Lei. Io sono cresciuto nella venerazione di Goethe, ma non ho capito molto di lui prima di venire in contatto con la psicoanalisi. Supposto che la psicoanalisi, che per me è tutt'altro che una faccenda di medicina, mi abbia reso più capace di porre domande, mi rivolgo a Lei, che è il nuovo avveduto Occultatore, nella speranza che possa tuttavia dire a questo ragazzino qualcosa di ciò che di meglio Lei può sapere.
Quando Faust dopo la sua morte viene portato in cielo dagli angeli, questa azione è accompagnata

da alcuni versi sul cui significato il discepolo ha fantasticato fino a spappolarsi il cervello. Ciò che mi disturba sono le virgolette che racchiudono i versi:

> « Wer immer strebend sich bemüht,
> Den können wir erlösen ».[85]

Non mancano neppure nell'edizione di Weimar, mentre vi sono omessi i due punti dopo la parola « Bösen » [male]. Stando a Eckermann, Goethe gli avrebbe detto che in questi versi è racchiusa la soluzione dell'enigma di Faust. Anche se io, per tradizione familiare, mi fido poco di Eckermann, non riesco tuttavia a pensare che egli possa avere capito male, tanto più che aggiunge un lungo resoconto di ciò che Goethe avrebbe ancora detto al riguardo; ma questo suona molto eckermanniano e per me conferma solo che forse Goethe si era pronunciato in qualche modo sull'importanza del passo. Le virgolette dimostrano che queste famose parole « dell'affaticarsi a tendere più in alto » sono una citazione, e non rappresentano il diretto parere degli angeli. Se la mia ipotesi è vera, se cioè questa frase esprime il male, e quindi che la fede di potersi salvare attraverso una faticosa ascesa è male, ciò mi sarebbe assai utile.
Non intendo con questa mia domanda provocare una Sua risposta, desidererei piuttosto che Lei mi confutasse. Per quanto mi farebbe molto piacere trovare in Goethe il testimone chiave delle mie idee bizzarre, tuttavia tremo di fronte alla mia divina presunzione.
Forse la cosa migliore è che Lei non risponda affatto, ma la cosa migliore non è sempre la più gradita per il Suo un po' invecchiato discepolo

Groddeck

Dica per favore alla Sig.a Anna quanto mi dispiace

di non averla salutata a Francoforte. Confido nel suo cuore misericordioso.

Grundlsee, 5 settembre 1930

Caro Dottore,

come sa, non si è tenuti a ringraziare per le congratulazioni, soprattutto quando riguardano un riconoscimento ufficiale.
Per fortuna la Sua lettera contiene anche altre cose di cui rallegrarsi.
Quando sarò di nuovo a Vienna fra i miei libri cercherò di rompermi il capo sul passo da Lei contestato, riguarderò Eckermann, che non mi è meno antipatico che a Lei, e Le scriverò al riguardo.
Per il momento, non comprendo Goethe stesso meglio di quanto comprendo Groddeck. Che io possa avere fortuna come filologo goethiano? Mi sembra una vita molto dura.
La cerimonia a Francoforte dev'essere stata assai bella. A mia figlia avrebbe certamente fatto molto piacere vederLa alla casa di Goethe.

Cordialmente, il suo devoto

Freud

Baden-Baden, 7 febbraio 1932

Illustre Professore,

mettiamo subito le cose in chiaro: non mi aspetto che Lei si dedichi alla lettura del manoscritto qui accluso, ma forse la Signorina Anna ha ancora un po' di simpatia per me, in ricordo del nostro incontro all'Aia a cui ripenso non di rado. La prego di sacrificare un'ora libera e poi di riferire brevemente a Lei.

Mi trovo pressappoco nella situazione in cui ero all'epoca dello *Scrutatore d'anime*; e francamente non so se questa volta Lei mi potrà aiutare. Si potrebbe pensare che anche Lei, come me, ritenga preferibile pubblicare il materiale che sto elaborando come se rappresentasse le opinioni di un Thomas Weltlein un po' malaticcio. Ma per il momento, e probabilmente per il resto della vita, mi manca la forza di raccontare e di creare. Perciò ho scelto la forma seria.

Si tratta di un libro in cui mi servo delle caratteristiche della lingua e delle arti figurative[86] per dimostrare quanto il simbolo e la vita siano da sempre strettamente legati; nella prima parte, generale, non ci sarà dunque un rapporto molto stretto con la medicina; però, al tempo stesso, mi propongo di parlare in un volume a parte, oppure in singoli fascicoli, dell'azione del simbolo sull'organismo nel suo complesso e sulle sue diverse parti.[87] Accludo un campione di entrambi i progetti, che basterà certamente alla casa editrice per decidere se può o meno permettersi questa impresa. Il primo capitolo è stato accettato da Storfer[88] per la « Psychoanalytische Bewegung » e probabilmente uscirà nel prossimo numero; accludo anche i due capitoli successivi. I frammenti sulla vista[89] danno un'idea della seconda parte. Il tutto è ancora incompiuto e va elaborato. Spero per l'autunno di aver finito la prima parte e un bel pezzo della seconda.

Se Le mando il lavoro ancora in questa forma di mostriciattolo, senza aspettare che il pupo diventi presentabile, è perché non so se in linea di massima la casa editrice potrà decidere per la sua pubblicazione. Non ci deve essere nulla d'impegnativo,

si tratta solo di una domanda. Poiché so per esperienza quanto tempo ci vuole quando si deve collocare presso un editore un'opera già compiuta, voglio cercare per lo meno di avviare le cose.
Storfer mi ha comunicato che al primo di aprile lascerà la casa editrice. Se ho capito bene, gli subentrerà Suo figlio. Io l'ho subito informato di questo passo che compio presso di Lei. Egli avrà certo la bontà di rimandarmi all'occasione i manoscritti, indipendentemente dal fatto che la risposta sia positiva o negativa.

Con molti saluti e auguri sono il Suo, ormai purtroppo un po' senile e malandato, ma sempre riconoscente discepolo

Groddeck

Vienna, 25 marzo 1932

Caro Dottore,

nonostante la Sua gentile lettera indirizzata a me, mio padre ha insistito per leggere egli stesso il Suo manoscritto.[90] Le manda a dire che già prima non credeva alla Sua 'senilità mentale', e men che meno dopo questa lettura. Ma - devo anche dirLe - il piacere che il Suo libro gli ha procurato purtroppo non avrà conseguenze pratiche. Ciò non dipende dal manoscritto, ma solo dalle condizioni della casa editrice. L'ha rilevata mio fratello per risollevarla, pian piano e con prudenza, da una pericolosa situazione finanziaria. In questa prudenza rientra purtroppo anche la necessità di ridurre notevolmente la produzione, che per un po' dovrà limitarsi alle riviste e... a libri di cui gli autori possono sostenere le

spese di stampa. Speriamo che questo stato di cose non debba durare a lungo, ma per il momento non può essere altrimenti se la casa editrice vuol sopravvivere.
Lei certo comprenderà, dato che in questi tempi si sentono tanto spesso cose del genere. Mi dispiace che dalla Sua lettera non traspaia un umore troppo buono e che io adesso non faccia nulla per migliorarlo.
Mio padre mi incarica di salutarLa. Sta bene, e continua a superare, con meravigliosa energia e vivacità, le difficoltà fisiche di ogni sorta che gli si oppongono.

Molto cordialmente,
la Sua Anna Freud

Vienna, 4 marzo 1934

Caro Dottore,

leggere uno o due dei Suoi saggi resta sempre un piacere, anche quando non porta a prender partito come accade a me questa volta. La malinconia[91] mi rende ciò difficile, non riesco più a ritrovare l'intensità di pensiero di una volta. Il cancro,[92] purtroppo, mi è molto più vicino, ma ciò che Lei ne dice sembra a me troppo vago, e probabilmente anche a Lei. Ma certamente proporrò entrambi i saggi alla redazione di « Imago ».
Sono per noi preziosi anche solo come segno del Suo costante interesse.

Cordialmente,
il Suo Freud

Baden-Baden, 6 marzo 1934

Illustre Professore,

grazie infinite per la Sua lettera tanto buona. I due saggi sono stati intenzionalmente tenuti nel vago, se no, riguardo alla malinconia, sarei partito dall'amorino; ritengo che l'incisione illustri le conseguenze che insorgono quando si nega il fondamento erotico della vita. Sul problema del cancro non mi sembra ancora consigliabile scrivere in modo più chiaro di quanto io abbia fatto. Le ho mandato queste cose perché Lei tanto spesso ha mostrato interesse per la mia attività, e perché desideravo darLe un segno di vita. Non ho contato sulla possibilità di una pubblicazione; ma i saggi sono a disposizione di « Imago », se li vuol stampare.

Sono sempre il Suo riconoscente discepolo

Groddeck

NOTA BIOGRAFICA SU GEORG GRODDECK

Georg Walther Groddeck nacque in Germania, a Bad Kösen, nel 1866, quarto e ultimo figlio di un noto medico, e morì in Svizzera, a Zurigo, nel 1934. A dodici anni fu inviato al celebre collegio di Pforte in Sassonia, dove ben presto si distinse per la sua insofferenza alla rigida disciplina di quella scuola. Nel 1881 la sua famiglia, rovinata economicamente, dovette trasferirsi a Berlino, dove, finiti gli studi a Pforte, Groddeck la raggiunse nel 1885 per iscriversi alla facoltà di medicina di quella università e dove, poco prima, era morto suo padre. A Berlino egli divenne un fervente ammiratore e discepolo del famoso Ernst Schweninger, caposcuola di una terapia basata sulle diete e i massaggi, e che era, tra l'altro, medico personale di Bismarck. Laureatosi in medicina nel 1889, egli passò otto anni nell'esercito come ufficiale medico, con profonda insoddisfazione; poco dopo la morte della madre, avvenuta in questo periodo, egli sposò una giovane signora, già madre di due figli, che divorziò dal marito per unirsi a lui. Nel 1897 Groddeck, lasciato l'esercito, si trasferì a Baden-Baden, per dirigervi una clinica appartenente a Schweninger, che abbandonò tre anni dopo per darsi alla libera professione e per fondare poi, lui stesso, una piccola clinica. Fu in questo periodo che cominciò a scrivere: il suo primo libro, *Ein Frauenproblem*, fu pubblicato nel 1903, seguìto nel 1905 dal romanzo psicoanalitico *Ein Kind der Erde*; nel 1906 apparve un suo lungo poema dal titolo *Hochzeit des Dionysos* e nel 1910 un saggio critico sulle opere teatrali di Ibsen; un'ampia raccolta di saggi fu poi pubblicata l'anno successivo.

Nel frattempo, la sua vita e la sua attività professionale avevano subìto una svolta importante; durante la cura di una sua paziente egli fu colpito dall'importanza che i simboli hanno nella vita e nella salute delle persone. Questa esperienza lo indusse ad adottare nuovi metodi di cura e a dare una sempre maggiore importanza alla psicoanalisi. Nel 1913 il suo nome acquistò notorietà per il successo ottenuto dal suo libro su Schweninger, con il titolo di *Nasamecu* (dalle sillabe iniziali del noto adagio « Natura sanat, medicus curat »). Nominato direttore dell'ospedale della Croce Rossa di Baden-Baden nel 1915, dette poco dopo le dimissioni per protestare contro l'atteggiamento brutale degli ufficiali, inviati in ispezione, verso i suoi pazienti. Nel maggio 1917 Groddeck scrisse a Freud per comunicargli la sua completa conversione alla psicoanalisi. Così cominciò la loro corrispondenza e una amicizia duratura, sentita da entrambi. Essi si incontrarono tre anni dopo all'Aia, in occasione del congresso internazionale di psicoanalisi, e nel 1921, con l'appoggio di Freud, il romanzo psicoanalitico di Groddeck, *Der Seelensucher,* fu pubblicato dall'Internationaler Psycoanalytischer Verlag di Vienna, lo stesso editore presso cui, nel 1923, apparve anche *Das Buch vom Es.*
A partire dal 1925 Groddeck cominciò la pubblicazione di una piccola rivista, « Die Arche », di cui egli scriveva quasi tutti gli articoli e che, seppure intesa a divertire i pazienti della sua clinica, ha offerto un notevole contributo all'approfondimento e alla diffusione delle dottrine psicoanalitiche. Nel 1930 egli ebbe un primo attacco di cuore, che non gli impedì tuttavia di continuare il suo lavoro di medico e di scrittore. Un nuovo attacco lo colpì, però, nel maggio del 1934. Per protestare contro le persecuzioni degli Ebrei in Germania, Groddeck scrisse in questo periodo alcune lettere a Hitler, la cui risposta fu di ordinare il suo arresto. Avvertito

in tempo, egli riuscì a rifugiarsi in Svizzera, a quindici giorni di distanza dal suo secondo attacco. Poco dopo fu invitato dalla Società Psicoanalitica di Zurigo a tenere una conferenza, ed egli parlò con molto successo di uno dei suoi argomenti favoriti: « Occhi, visione e visione senza occhi ». Qualche ora più tardi ebbe un nuovo collasso e fu trasportato alla clinica di Knonau, dove morì, nel sonno, due settimane dopo.

NOTE

1. *Nasamecu. Der gesunde und der kranke Mensch*, Leipzig, 1913. 'Nasamecu' è una sigla tratta dalle sillabe iniziali delle parole del celebre detto *Natura sanat, medicus curat* [*N.d.T.*].

2. È la « Internationale Zeitschrift für Psychoanalyse », rivista ufficiale del movimento psicoanalitico [*N.d.T.*].

3. *Ubw* è l'abbreviazione di (*Das*) *Unbewusste*, « l'inconscio » [*N.d.T.*].

4. *Das Unbewusste*, Wien, 1915; ora in Freud, *Gesammelte Werke*, X, Frankfurt a.M., 1960, pp. 264 sgg.

5. Groddeck, *Psychische Bedingtheit und Psychoanalytische Behandlung organischer Leiden*, Leipzig, 1917 (trad. it. « Condizionamento psichico e trattamento psicoanalitico delle affezioni organiche » in *Il linguaggio dell'Es*, Adelphi, 1969, pp. 5 sgg.).

6. Ludwig Levy, *Sexualsymbolik in der biblischen Paradiesgeschichte*, in « Imago », V, 1917, pp. 16 sgg.

7. Il testo tedesco dice *Ich meine (ich und mein)*, cioè, letteralmente, « mi sembra (io e il mio) », con un giuoco di parole intraducibile [*N.d.T.*].

8. *Psychische Bedingtheit*, ecc., cit.

9. La lettera contenente questa osservazione non è stata trovata fra le carte di Groddeck.

10. Personaggio del dramma *Rosmersholm* di Ibsen.

11. Vedi Groddeck, *Tragödie oder Komödie? Eine Frage an*

die Ibsenleser, Leipzig, 1910, pp. 42 sgg.; anche in *Psychoanalytische Schriften zur Literatur und Kunst*, Wiesbaden, 1964.

12. Protagonista di *Casa di bambola* di Ibsen; vedi Groddeck, *Tragödie oder Komödie?*, ecc., cit., pp. 1 sgg.

13. *Il costruttore Solness*, dramma di Ibsen; vedi Groddeck, *ibidem*, pp. 108 sgg.

14. *L'anitra selvatica*, altro dramma di Ibsen; vedi Groddeck, *ibidem*, pp. 77 sgg.

15. *Der Wanzentöter oder die entschleierte Seele Thomas Weltleins. Psychoanalytischer Roman* (« L'uccisore di cimici ovvero l'anima svelata di Thomas Weltlein »), comparso poi col titolo di *Der Seelensucher* (ed. it. *Lo scrutatore d'anime*, Adelphi, Milano, 1976, 2ª ediz., 1977), Internationaler Psychoanalytischer Verlag, Wien, 1921.

16. *Psychische Bedingtheit*, ecc., cit.

17. Centoquindici conferenze di psicoanalisi tenute presso la clinica Groddeck, Baden-Baden, 1916-19. Manoscritto.

18. Conferenza dell'8 novembre 1916, manoscritto, pp. 4 sgg.

19. Conferenza del 24 agosto 1918. Pubblicata in *Psychoanalytische Schriften zur Literatur und Kunst*, cit., pp. 241 sgg.

20. Conferenza del 22 maggio 1918, manoscritto, pp. 9 sgg.

21. Vedi nota 15.

22. Si tratta del saggio « Wunscherfüllungen der irdischen und göttlichen Strafen », in *Psychoanalytische Schriften zur Psychosomatik*, Wiesbaden, 1966, pp. 77 sgg.

23. Vedi nota precedente.

24. « Über das Es », in *Psychoanalytische Schriften zur Psychosomatik*, cit., pp. 46 sgg.

25. Il protagonista di *Der Seelensucher* (vedi nota 15).

26. Vedi « Über der Psychoanalyse des Organischen im Menschen », conferenza tenuta al Sesto Congresso Internazionale di Psicoanalisi, L'Aia, settembre 1920, in *Psychoanalytische Schriften zur Psychosomatik*, cit., pp. 101 sgg.

27. Vedi nota precedente.

28. Vedi nota 26.

29. In italiano nel testo [*N.d.T.*].

30. Vedi nota 26.

31. In italiano nel testo [*N.d.T.*].

32. In italiano nel testo [*N.d.T.*].

33. *Der Symbolisierungszwang*, in « Imago », VIII, 1922, n. I, pp. 67-81. (Trad. it. « La coazione a simbolizzare », in *Il linguaggio dell'Es*, cit., pp. 50 sgg.).

34. Vedi nota precedente.

35. Sandor Ferenczi recensì *Der Seelensucher* in « Imago », VII, 1921.

36. Le prime cinque lettere di *Das Buch vom Es*, Internat. Psychoanalyt. Verlag, Wien, 1923 (ed. it. *Il libro dell'Es*, Adelphi, Milano, 1966, 5ª ed., 1971).

37. *Il libro dell'Es*, cit., reca il sottotitolo « Lettere di psicoanalisi a un'amica ».

38. Vedi *Il libro dell'Es*, cit., pp. 126 sgg.

39. *Ibidem*, pp. 129 sgg.

40. Wilhelm Stekel, *Die Sprache des Traumes*, Wiesbaden, 1911.

41. Il fratello Hans (1860-1914), giornalista.

42. Nel 1915 Groddeck incontrò Emmy von Voigt, nata Larsson (1874-1961), che divenne poi sua moglie e collaboratrice.

43. È il cognome con cui si firma l'autore delle « lettere di psicoanalisi a un'amica » che costituiscono *Il libro dell'Es*, cit. [*N.d.T.*].

44. Emmy Groddeck (vedi le due note precedenti).

45. Si tratta sempre di Emmy Groddeck [*N.d.T.*].

46. *Bruckstück einer Hysterie-Analyse*, in « Monatsschrift für Psychiatrie und Neurologie », Bd. 18 (4 e 5), pp. 285-310 e 408-67, 1905 (trad. it. in S. Freud, *Opere*, vol. 4, Boringhieri, Torino, 1970, pp. 301 sgg.) [*N.d.T.*].

47. *Rabe* in tedesco significa « corvo ». Cfr. *Il libro dell'Es*, cit., pp. 273 sgg. [*N.d.T.*].

48. Sono versi del *Faust* di Goethe (Prologo in Cielo, vv. 338-39), in cui però, invece che « affermano » (*bejahen*), è detto « negano » (*verneinen*) [*N.d.T.*].

49. Si tratta delle *Vorlesungen zur Einführung in die Psychoanalyse*, 1916-17 (ed. it. *Introduzione alla psicoanalisi*, Boringhieri, Torino, 1969) [*N.d.T.*].

50. In tedesco *Meer* [*N.d.T.*].

51. Arthur Kielholz, « Jakob Böhme (1575-1624), ein patho-

graphischer Beitrag zur Psychologie der Mystik », in *Schriften zur Angewandten Seelenkunde*, 1919.

52. Conferenza sull'Es, tenuta da Groddeck al Congresso Internazionale di Psicoanalisi, Berlino, 25-27 settembre 1922. Manoscritto irreperibile.

53. Lettera del 17 aprile 1921. In realtà, Freud aveva conosciuto Groddeck all'Aia nel settembre del 1920, in occasione del Sesto Congresso Internazionale di Psicoanalisi [*N.d.T.*].

54. Lo psicoanalista tedesco Hans von Hattingberg. La conferenza tenuta al Congresso aveva come titolo: « Per un'analisi della situazione psicoanalitica ». Le lettere che qui riportiamo aiuteranno a comprendere meglio l'atteggiamento di Groddeck verso Hattingberg.

Monaco, 1° novembre 1922

Caro collega Weltlein,

il Suo *Scrutatore d'anime*, che solo oggi mi è giunto fra le mani, mi ha aperto gli occhi. Ora capisco perché proprio *Lei* ha interpretato la mia conferenza di Berlino come un attacco al padre. *Lei* deve infatti aver compreso meglio di chiunque altro ciò che io intendevo dire, ma, poiché Le disgusta di 'aver ragione' (come un professore, senza esserlo), è stato costretto a fraintendermi. *Lei* non poteva prender sul serio me e la mia posizione mentre si beffava di sé e della psicoanalisi nel Weltlein. (Non ha bisogno della mia interpretazione per riconoscere nel protagonista del Suo sogno di eliminazione del padre lo stesso sognatore e per intendere, vedi p. 288, sulla base dell'arte interpretativa della psicoanalisi, la satira cruenta di Ulisse come inventore del clistere).
Però proprio per questo Lei mi ha preso sul serio (aggressione al padre), laddove la seduzione amorosa è evidente anche per chi analista non è. (Il padre non vi si è opposto, ed ha risposto con l'appellativo di *enfant terrible*).
In breve, nevvero, sono *io* il più bravo bambino?! Ma non volevo dirLe solo questo, c'è dell'altro: perché prende così poco sul serio la psicoanalisi, e così sul serio i pericoli del Suo masochismo, da azzardarsi ad andare fra gli uomini solo nelle vesti del buffone? L'autodenigrazione è un buon surrogato della religione, e il dolce liquore dell'autocommiserazione ci fornisce una buona consolazione per la nostra debolezza — chi dovrebbe saperlo meglio di me!
Insomma: in fondo l'ebbrezza per Lei è solo un surrogato, come per me — *Lei cerca*, scruta — questo me l'ha raccontato il Suo Weltlein! (Il desiderio di diventar pazzo = di rientrare nella madre = nostalgia per il grande compito).

In passato mi sono difeso da Lei, era tanto comodo seccarsi per il travestimento e liquidarne ancora un altro come 'idiota'. Non voglio più farlo, e perciò riceva la più cordiale stretta di mano da un uomo che sa, al pari di Lei, cosa vuol dire dover troppo comprendere.

Sinceramente La saluta il Suo

Hans Hattingberg

Baden-Baden, 14 novembre 1922

Caro Signor von Hattingberg,

da quando so che *Lo scrutatore d'anime* funge da paciere, ancor più grande è divenuto il mio stupore per quest'uovo singolare di una gallina cieca. Il ricordo del mio attacco grossolano a Lei, dopo la Sua conferenza, mi pesava molto. Come sempre, già mentre parlavo sapevo che in me stava succedendo qualcosa che non aveva nulla a che fare col Congresso. E la conferma c'è stata: sono stato seriamente malato per tre settimane. Il mio soggiorno a Berlino era sotto il segno di una visitina al paese della mia infanzia. Freud vi ha svolto il ruolo della madre e Lei quello di un mio fratello che entra in tutte le mie malattie. In superficie c'era inoltre la netta sensazione di essermi sottratto a un compito. Dopo tutto ciò che era accaduto avrei dovuto esprimermi in favore oppure contro la gestione ufficiale della psicoanalisi. Invece ho fatto il buffone, e me la sono presa perché Lei si pronunciava su cose su cui avrei dovuto pronunciarmi io. Certo io avrei dato al mio tiro una direzione diversa dalla Sua, e ancor oggi ritengo che la cosa avrebbe dovuto cominciare e finire in un altro modo. Tuttavia mi difendo contro un'espressione che Lei ha usato nella Sua lettera, contro la parola « cercare ». Credo di essere immune da questa tendenza. Forse la nostra divergenza sul modo di giudicare Groddeck dipende solo dalla diversa interpretazione della parola « cercare ».
Mi presenterò ancora una volta nelle vesti del buffone. Per me, la satira è l'unica forma in cui le persone mediocremente dotate possono continuare a vivere anche nel lontano futuro.

Ricambio cordialmente la Sua stretta di mano. Fa molto piacere incontrare qualcuno che pensa e agisce con nobiltà.

Il Suo devotissimo Groddeck

Monaco, 3 dicembre 1922

La Sua lettera, caro collega, mi ha fatto specialmente piacere perché mi ha confermato che fra noi sarebbe possibile

un grado di comprensione particolare – ma di questo non si potrà mai essere abbastanza grati quando si trovano persone... per cui le cose sono altrettanto 'complicate'.
Ho saputo da Delmar che Lei andrà a Budapest. La Sua strada non passa per Monaco? Sarei veramente *felicissimo* di poterLa salutare qui e di mostrarLe i miei rampolli.
Ci sarebbero anche varie cose di cui discuterei volentieri con Lei, riallacciandomi alla Sua lettera. Proprio ora sto preparando per la stampa la mia conferenza di Berlino, e sono arenato nel mezzo di una terza parte in cui dovrei mostrare quello che a me sembra l'aspetto essenziale della situazione psicoanalitica.
Non posso ritirare il « cercare », – chi continua a lavorare su di sé cerca appunto una soluzione migliore, e questo vale anche per Lei.

Spero dunque in una piacevole sorpresa e intanto riceva i saluti cordiali e sinceri del

Suo H. Hattingberg

55. Emmy Groddeck tradusse in svedese la *Psicopatologia della vita quotidiana* di Freud.

56. Il pastore Oskar Pfister ricorda la seguente frase di Freud (« Schweizerische Zeitschrift für Psychologie », IX, 2, p. 153): « Subito dopo la pubblicazione del *Libro dell'Es* (1923) Freud mi disse in una conversazione: "Certamente Groddeck ha ragione al novanta per cento nel far risalire all'Es i disturbi organici, e forse ha colto nel giusto anche per le altre cose" ».

57. Saggio di Egenolf Roeder von Diersburg (1890-1968), in « Imago », IX, 1923, n. 3.

58. « Nachlust und Nachbewusst », in *Der Mensch und sein Es*, Wiesbaden, 1970, pp. 131 sgg.

59. In tedesco: *Paralytiker* e *Analytiker* [*N.d.T.*].

60. 22 settembre (1885).

61. 14 settembre (1852).

62. *Freude* in tedesco significa « gioia » [*N.d.T.*].

63. La parola tedesca *Ergüsse* significa « sfoghi », ma anche « eiaculazioni » [*N.d.T.*].

64. La difficile situazione finanziaria al tempo della guerra e dell'inflazione aveva ritardato il divorzio di Groddeck dalla prima moglie.

65. Questa lettera non fu trovata fra quelle che nel 1934 Anna Freud restituì a Emmy Groddeck. Fra le carte lasciate da quest'ultima ne fu però trovata una copia.

66. La lettera è indirizzata alla moglie di Groddeck, Emmy [*N.d.T.*].

67. Vedi *Psicopatologia della vita quotidiana*, in Freud, *Opere*, vol. IV, Boringhieri, Torino, 1970, pp. 264 sgg. [*N.d.T.*].

68. Per tutte queste allusioni si rimanda al passo citato nella nota precedente [*N.d.T.*].

69. Nell'esempio fatto da Adler (e riferito da Freud nel brano, già citato, della *Psicopatologia della vita quotidiana*) si menziona « il volumetto numero 102 della "Universal Bibliothek Reclam", ecc. »: UB è la sigla di tale nota collana di libri tascabili [*N.d.T.*].

70. La lettera di Freud a cui Groddeck allude non è stata trovata.

71. Hermann Keyserling (1880-1946), noto filosofo e scrittore di origine baltica, fondatore, a Darmstadt, di una « Scuola della Saggezza » [*N.d.T.*].

72. *Heilkunst und Tiefenschau. Der Weg zur Vollendung*, in « Mitteilungen der Gesellschaft für freie Philosophie », n. 8/9, Darmstadt, 1924, pp. 3 sgg.

73. Nel saggio sopracitato Keyserling scrive: « Fra tutti gli analisti Groddeck è il più libero da pregiudizi, e, fra quelli che ho incontrato, è il medico più consapevole del significato della propria arte ».

74. È una serie di associazioni fondata sulle parole *Weissling* (cavolaia), *Weiseling* (diminutivo di « saggio »), e *Kohl* (cavolo) [*N.d.T.*].

75. *Heilkunst und Tiefenschau*, cit.

76. Il titolo di questo scritto è *Selbstdarstellung*, pubblicato in « Die Medizin der Gegenwart in Selbstdarstellungen », IV, Leipzig, 1925. Anche in Freud, *Gesammelte Werke*, XIV, cit.

77. Freud, *Die Frage der Laienanalyse*, in *Gesammelte Werke*, XIV, cit.

78. Al Congresso di Homburg, nel settembre 1925, Groddeck tenne una conferenza sull'Es e la psicoanalisi. Vedi *Psychoanalytische Schriften zur Psychosomatik*, cit., pp. 148 sgg.

79. Ciclo di conferenze sull'Es tenuto all'Università Lessing di Berlino nell'autunno 1926, in « Die Arche », II, 1926, 15, 16, 17, 18.

80. La lettera di Groddeck alla casa editrice non è stata trovata.

81. Thomas Weltlein, « lo scrutatore d'anime ».

82. Le lettere del *Libro dell'Es* sono firmate col nome di Patrick Troll.

83. Congresso Internazionale di Psicoanalisi, Innsbruck, settembre 1927.

84. Si tratta di Smith Ely Jelliffe (1866-1945).

85. « Chi sempre s'affatica a tendere più in alto / Noi possiamo redimerlo ». *Faust II*, Atto quinto, vv. 11936-37. Vedi Groddeck, « Ein Faustzitat », in *Psychoanalytische Schriften zur Literatur und Kunst*, cit., pp. 228 sgg.

86. *Der Mensch als Symbol*, Internationaler Psychoanalytischer Verlag, 1933.

87. Groddeck è riuscito a realizzare solo parzialmente questo progetto. Vedi in *Il linguaggio dell'Es*, cit., gli scritti « La vista, il mondo dell'occhio e il vedere senza occhi » e « Del ventre umano e della sua anima »; in *Psychoanalytische Schriften zur Psychosomatik*, cit., vedi lo scritto « Vom Mund und dessen Seele ».

88. Vedi « Psychoanalytische Bewegung », IV, 2, marzo-aprile 1932, pp. 161 sgg.

89. Vedi nota 87.

90. Vedi p. 109.

91. Vedi « Dürers Melencolia », in *Psichoanalytische Schriften zur Literatur und Kunst*, cit., pp. 332 sgg.

92. Freud si riferisce al breve saggio di Groddeck sul cancro: vedi « Von der psychischen Bedingtheit der Krebserkrankung », in *Psychoanalytische Schriften zur Psychosomatik*, cit., pp. 380 sgg.

PICCOLA BIBLIOTECA ADELPHI

ULTIMI VOLUMI PUBBLICATI:

500. Roberto Calasso, *Cento lettere a uno sconosciuto*
501. Claude Debussy, *Il signor Croche antidilettante*
502. Leonardo Sciascia, *L'adorabile Stendhal*
503. Tommaso Landolfi, *Se non la realtà*
504. *La trappola della giumenta*, a cura di Wendy Doniger
505. Sholem Aleykhem, *Cantico dei Cantici*
506. Inoue Yasushi, *Il fucile da caccia*
507. Ennio Flaiano, *Le ombre bianche*
508. Tim Judah, *Saddam e le Sugababes*
509. Stefan Zweig, *Amok*
510. Constantinos Kavafis, *Un'ombra fuggitiva di piacere*
511. Franz Kafka, *Aforismi di Zürau*
512. Richard P. Feynman, *Sei pezzi meno facili*
513. Manlio Sgalambro, *De mundo pessimo*
514. Leonardo Sciascia, *Il teatro della memoria · La sentenza memorabile*
515. Ferdinando Tartaglia, *Esercizi di verbo*
516. Robert Walser, *Ritratti di scrittori*
517. Tommaso Landolfi, *Il principe infelice*
518. Nathaniel Hawthorne, *Venti giorni con Julian*
519. Tullio Pericoli, *La casa ideale di Robert Louis Stevenson*
520. E.M. Cioran, *Un apolide metafisico*
521. Friedrich Nietzsche, *Frammenti postumi, I*
522. Friedrich Nietzsche, *Frammenti postumi, II*
523. Giorgio Manganelli, *La favola pitagorica*
524. Charles Simic, *Il cacciatore di immagini*
525. Paolo Castaldi, *In nome del padre*
526. Guido Ceronetti, *La lanterna del filosofo*
527. Irène Némirovsky, *Il ballo*
528. Alberto Manguel, *Con Borges*
529. Carl Schmitt, *Teoria del partigiano*
530. Roberto Calasso, *La follia che viene dalle Ninfe*
531. Friedrich Nietzsche, *Frammenti postumi, III*
532. Cesare Garboli, *Il «Dom Juan» di Molière*
533. Willa Cather, *La nipote di Flaubert*

534. Isaiah Berlin, *La libertà e i suoi traditori*
535. Friedrich Nietzsche, *Frammenti postumi, IV*
536. Alberto Arbasino, *Dall'Ellade a Bisanzio*
537. Haniel Long, *La meravigliosa avventura di Cabeza de Vaca*
538. Benedetto Croce, *Un paradiso abitato da diavoli*
539. Paul Valéry, *Cattivi pensieri*
540. Giorgio Manganelli, *L'isola pianeta e altri settentrioni*
541. Eudocia Augusta, *Storia di san Cipriano*
542. Arthur Schopenhauer, *L'arte di invecchiare*
543. Pseudo Meister Eckhart, *Diventare Dio*
544. Rosa Matteucci, *Cuore di mamma*
545. Ennio Flaiano, *Una e una notte*
546. Willa Cather, *Il mio mortale nemico*
547. Inoue Yasushi, *Amore*
548. Tommaso Landolfi, *In società*
549. Giorgio Colli, *Platone politico*
550. Giorgio Manganelli, *Mammifero italiano*
551. Goffredo Parise, *Guerre politiche*
552. Manlio Sgalambro, *La conoscenza del peggio*
553. Mordecai Richler, *Un mondo di cospiratori*
554. Sholem Aleykhem, *Storie di uomini e animali*
555. Shirley Jackson, *La lotteria*
556. Arthur Schopenhauer, *Il mio Oriente*
557. Lodovico Terzi, *L'autonecrologia di Jonathan Swift*
558. René Guénon, *Il demiurgo e altri saggi*
559. Alberto Savinio, *La nascita di Venere*
560. Yoko Ogawa, *L'anulare*
561. Stefan Zweig, *Bruciante segreto*
562. Irène Némirovsky, *Come le mosche d'autunno*
563. Robert Walser, *Storie che danno da pensare*
564. Nicolás Gómez Dávila, *Tra poche parole*
565. Alberto Arbasino, *L'Ingegnere in blu*
566. Paul Valéry, *L'idea fissa*
567. Goffredo Parise, *L'eleganza è frigida*
568. Ernst Jünger, *Visita a Godenholm*
569. Friedrich Nietzsche, *Lettere da Torino*
570. S.Y. Agnon, *Nel fiore degli anni*
571. Ferdinando Tartaglia, *La religione del cuore*

572. Alexander Lernet-Holenia, *Il venti di luglio*
573. Matteo Codignola, *Un tentativo di balena*
574. Jamaica Kincaid, *Lucy*
575. Charles Simic, *Club Midnight*
576. Irène Némirovsky, *Il calore del sangue*
577. Giorgio Manganelli, *Vita di Samuel Johnson*
578. Jorge Luis Borges, *La moneta di ferro*
579. Gustav Theodor Fechner, *Nanna o L'anima delle piante*
580. Dante Isella, *Un anno degno di essere vissuto*
581. Wilhelm Waiblinger, *Friedrich Hölderlin. Vita, poesia e follia*
582. Yoko Ogawa, *Una perfetta stanza di ospedale*
583. Goffredo Parise, *Lontano*
584. Giorgio Colli, *Filosofi sovrumani*
585. Friedrich Nietzsche, *Frammenti postumi, V*
586. Guido Ceronetti, *Insetti senza frontiere*
587. D.H. Lawrence, *Classici americani*
588. Manlio Sgalambro, *Del delitto*
589. Leonardo Sciascia, *Fatti diversi di storia letteraria e civile*
590. Thomas Bernhard, *I miei premi*
591. Irène Némirovsky, *L'affare Kurilov*
592. Stefan Zweig, *Lettera di una sconosciuta*
593. Martin Heidegger, *Identità e differenza*
594. Madame de Duras, *Ourika*
595. Benedetto Croce, *Una famiglia di patrioti*
596. James Hillman, *Il suicidio e l'anima*
597. William S. Burroughs - Allen Ginsberg, *Le lettere dello yage*
598. Jorge Luis Borges, *Fervore di Buenos Aires*
599. Joseph Roth, *Fragole*
600. Denise Epstein, *Sopravvivere e vivere*
601. V.S. Naipaul, *Scrittori di uno scrittore*
602. Carlo Michelstaedter, *La melodia del giovane divino*
603. Hermann Broch, *Hofmannsthal e il suo tempo*
604. Anna Maria Ortese, *Mistero doloroso*
605. Irène Némirovsky, *Il malinteso*
606. Ennio Flaiano, *Lo spettatore addormentato*
607. Giorgio Colli, *Apollineo e dionisiaco*

608. Stefan Zweig, *Storia di una caduta*
609. Joseph Roth, *Il secondo amore*
610. Muḥammad Dārā Šikōh, *La congiunzione dei due oceani*
611. Jamaica Kincaid, *In fondo al fiume*
612. René Guénon, *I princìpi del calcolo infinitesimale*
613. Alberto Savinio, *Tutta la vita*
614. Jorge Luis Borges - Adolfo Bioy Casares, *Libro del cielo e dell'inferno*
615. Ananda K. Coomaraswamy, *La danza di Śiva*
616. Ingeborg Bachmann, *Diario di guerra*
617. Yasmina Reza, *Il dio del massacro*
618. Robert Walser, *Ritratti di pittori*
619. Anna Maria Ortese, *Da Moby Dick all'Orsa Bianca*
620. W.H. Auden, *Grazie, Nebbia*
621. Curzio Malaparte, *Tecnica del colpo di Stato*
622. Stefan Zweig, *Paura*
623. Fëdor Tjutčev, *Poesie*
624. Franco Volpi, *La selvaggia chiarezza*
625. Alan Bennett, *Gli studenti di storia*
626. Porfirio, *Sui simulacri*
627. Giuseppe Gioachino Belli, *Sonetti erotici e meditativi*
628. Roberto Bolaño, *Chiamate telefoniche*
629. Franz Cumont, *Lo Zodiaco*
630. Charles Simic, *Il mostro ama il suo labirinto*
631. Manlio Sgalambro, *Della misantropia*
632. Henri Michaux, *Passaggi*
633. Elvio Fachinelli, *Su Freud*
634. Guido Ceronetti, *Poemi del Gineceo*
635. John Maynard Keynes, *Le mie prime convinzioni*
636. Stefan Zweig, *Notte fantastica*
637. Wisława Szymborska, *Basta così*
638. Friedrich Nietzsche, *Il servizio divino dei Greci*
639. Thomas Bernhard, *Goethe muore*
640. Massimo Cacciari, *Il potere che frena*
641. Vasugupta, *Gli aforismi di Śiva*
642. Roberto Calasso, *L'impronta dell'editore*
643. Edgardo Franzosini, *Sotto il nome del Cardinale*
644. S.Y. Agnon, *Nel cuore dei mari*

645. Giorgio Pasquali, *Storia dello spirito tedesco nelle memorie d'un contemporaneo*
646. John McPhee, *Tennis*
647. Muriel Spark, *Bang bang sei morta*
648. Czesław Miłosz, *La testimonianza della poesia*
649. Carlo Emilio Gadda, *Un gomitolo di concause*
650. Gérard de Nerval, *La regina di Saba*
651. Friedrich Hebbel, *Giudizio Universale con pause*
652. Jorge Luis Borges, *La rosa profonda*
653. Gustav Theodor Fechner, *Il libretto della vita dopo la morte*
654. F. González-Crussí, *Organi vitali*
655. Alfred Brendel, *Abbecedario di un pianista*
656. Tullio Pericoli, *Pensieri della mano*
657. Friedrich Dürrenmatt, *La panne*
658. Alan Bennett, *Il vizio dell'arte*
659. Tanizaki Jun'ichirō, *Sulla maestria*
660. Antoine Compagnon, *Un'estate con Montaigne*
661. René Guénon, *Autorità spirituale e potere temporale*
662. Jorge Luis Borges - María Esther Vázquez, *Letterature germaniche medioevali*
663. Lady Mary Wortley Montagu, *Cara bambina*
664. Ennio Flaiano, *Il gioco e il massacro*
665. Cesare Garboli, *Tartufo*
666. Carlo Rovelli, *Sette brevi lezioni di fisica*
667. Danilo Kiš, *Il liuto e le cicatrici*
668. Joseph Conrad, *Un avamposto del progresso*
669. Alan Bennett, *Gente*
670. Elias Canetti, *Aforismi per Marie-Louise*
671. Ivan Bunin, *A proposito di Čechov*
672. Joseph Roth, *L'avventuriera di Montecarlo*
673. L.E.J. Brouwer, *Vita, arte e mistica*
674. Marella Agnelli, *La Signora Gocà*
675. Carlo Emilio Gadda - Goffredo Parise, *« Se mi vede Cecchi, sono fritto »*
676. Guido Ceronetti, *Tragico tascabile*
677. I.J. Singer, *Sender Prager*
678. Hugo von Hofmannsthal, *Le nozze di Sobeide · Il Cavaliere della Rosa*

679. Jorge Luis Borges, *Libro di sogni*
680. Edgardo Franzosini, *Questa vita tuttavia mi pesa molto*
681. Hervé Clerc, *Le cose come sono*
682. Geminello Alvi, *Eccentrici*
683. Louis-Ferdinand Céline, *Lettere alle amiche*
684. Robert Walser, *Sulle donne*
685. René Guénon, *Oriente e Occidente*
686. Henry James, *La lezione del Maestro*
687. Hermann Broch, *Il racconto della serva Zerlina*
688. Anna Maria Ortese, *Le Piccole Persone*
689. James Hillman, *Presenze animali*
690. Wisława Szymborska, *Come vivere in modo più confortevole*
691. Giorgio Manganelli, *Estrosità rigorose di un consulente editoriale*
692. Oliver Sacks, *Gratitudine*
693. Francisco Rico, *I venerdì del Petrarca*
694. Jorge Luis Borges, *L'idioma degli argentini*
695. Ferenc Karinthy, *Tempi felici*
696. Paolo Zellini, *La matematica degli dèi e gli algoritmi degli uomini*
697. Marcel Jouhandeau, *Il cadavere rapito*
698. Alberto Ventura, *L'esoterismo islamico*
699. G.K. Chesterton, *L'età vittoriana nella letteratura*
700. Alexander Pope, *I bassifondi della poesia*
701. Curzio Malaparte, *Maledetti toscani*
702. Osip Mandel'štam, *Quasi leggera morte*
703. Tommaso Landolfi, *Racconti impossibili*
704. Friedrich Dürrenmatt, *La guerra invernale nel Tibet*
705. Carlo Rovelli, *L'ordine del tempo*
706. Robert Walser, *Seeland*
707. Guido Ceronetti, *Messia*
708. Ettore Sottsass, *Per qualcuno può essere lo spazio*
709. E.M. Cioran, *Antologia del ritratto*
710. Sergio Tofano, *Il teatro all'antica italiana*
711. Alfredo Giuliani, *Il giovane Max*
712. Wisława Szymborska, *Amore a prima vista*
713. Kawabata Yasunari, *La danzatrice di Izu*
714. Antonino Liberale, *Le metamorfosi*

715. Leonardo Sciascia, *Il metodo di Maigret*
716. Thomas Bernhard, *Camminare*
717. Simone Weil - André Weil, *L'arte della matematica*
718. Paolo Zellini, *La dittatura del calcolo*
719. Lafcadio Hearn, *Ombre giapponesi*
720. Tommaso Landolfi, *A caso*
721. Fëdor Dostoevskij, *La mite*
722. Henry Miller, *Giorni tranquilli a Clichy*
723. Hervé Clerc, *A Dio per la parete nord*
724. Orazio, *Odi*
725. Robert Walser, *Commedia*
726. W. Somerset Maugham, *Lo spirito errabondo*
727. Arthur Cravan, *Grande trampoliere smarrito*
728. Yasmina Reza, *«Arte»*
729. Rachel Bespaloff, *Sull'Iliade*
730. *La Rivoluzione sconosciuta*, a cura di Guido Ceronetti
731. Hermann Hesse, *Viaggio a Norimberga*
732. Theodore F. Powys, *La gamba sinistra*
733. Marina Cvetaeva, *Sonečka*
734. Sándor Márai, *Il macellaio*
735. Tullio Pericoli, *Incroci*
736. Ettore Sottsass, *Molto difficile da dire*
737. Jorge Luis Borges, *Il tango*
738. Alberto Savinio, *Souvenirs*
739. Han Kang, *Convalescenza*
740. Georges Simenon, *Il Mediterraneo in barca*
741. Pierre Klossowski, *Nietzsche, il politeismo e la parodia*
742. Ennio Flaiano, *L'occhiale indiscreto*
743. Yasmina Reza, *Bella figura*
744. Tommaso Landolfi, *Del meno*
745. Walpola Rahula, *L'insegnamento del Buddha*
746. Giorgio Colli, *Empedocle*
747. Giorgio de Santillana - Hertha von Dechend, *Sirio*
748. Terry Rudolph, *Quanti*
749. Pavel Florenskij, *La prospettiva rovesciata*
750. Roberto Calasso, *Come ordinare una biblioteca*
751. Massimo Cacciari, *Il lavoro dello spirito*
752. Thomas Bernhard, *Midland a Stilfs*
753. Rainer Maria Rilke, *Del paesaggio e altri scritti*

754. Pierre Michon, *La Grande Beune*
755. Jorge Luis Borges - Adolfo Bioy Casares, *Racconti brevi e straordinari*
756. Carlo Rovelli, *Helgoland*
757. Alberto Arbasino, *Grazie per le magnifiche rose*
758. Georges Simenon, *Europa 33*
759. Leonardo Sciascia, *«Questo non è un racconto»*
760. Walter F. Otto, *Teofania*
761. Yasmina Reza, *Anne-Marie la Beltà*
762. Tullio Pericoli, *Arte a parte*
763. Friedrich Dürrenmatt, *Minotauro*
764. Osip Mandel'štam, *Conversazione su Dante*
765. Roberto Calasso, *Allucinazioni americane*
766. Thomas Bernhard, *Ungenach*
767. Roberto Calasso, *Bobi*
768. Roberto Calasso, *Memè Scianca*
769. Carlo Emilio Gadda, *I Luigi di Francia*
770. Roberto Calasso, *Ciò che si trova solo in Baudelaire*
771. Ettore Sottsass, *Di chi sono le case vuote?*
772. Leonardo Sciascia, *Fuoco all'anima*
773. Georges Simenon, *A margine dei meridiani*
774. Antonio Damasio, *Sentire e conoscere*
775. Jorge Luis Borges, *Storia della notte*
776. Milan Kundera, *Un Occidente prigioniero*
777. Roberto Calasso, *Sotto gli occhi dell'Agnello*
778. Pëtr Andreevič Viazemskij, *Briciole della vita*
779. V.S. Pritchett, *Il santo*
780. Ibn Jubayr, *Viaggio in Sicilia*
781. E.M. Cioran, *Finestra sul Nulla*
782. Fëdor Dostoevskij, *Il coccodrillo*
783. Wisława Szymborska, *Canzone nera*
784. Benedetto Croce, *Soliloquio*
785. Sacha Guitry, *Memorie di un baro*
786. Georges Simenon, *Dietro le quinte della polizia*
787. Ernst Jünger - Carl Schmitt, *Il nodo di Gordio*

Stampato da LegoDigit S.r.l. - Stabilimento di Lavis